하나님은 누구신가? 역사상 반복되는 진부한 질문인 동시에 신앙과 신학에서 가장 근원적인 질문이다. 저명한 신약학자가 이 질문에 관한 흥미롭고 명쾌한 대답을 성경신학적으로 풀어 내놓는다. 즉 구약의 특정한 세 본문(야곱의 도주와 벧엘에서의 하나님의 현현, 모세 소명에서의 하나님의 현현, 황금송아지 사건 후 시내산에서의 하나님의 현현)의 절호의 순간들을 포착하여, 하나님의 임재와 이름과 성품의 계시라는 삼중적 측면에서 하나님이 누구신지를 살핀다. 신약 신학자를 넘어 성서학자답게 저자는 마가복음의 세 가지 결정적인 계시의 순간들과 연계하여 삼위일체의 계시로 논의를 확대한다. 성경 전체를 아우르는 저자의 포괄적인 전망과 탁견이 돋보인다. 논의는 포괄적이고, 전망은 탁 트이고, 기술은 유려하고, 요점은 분명하다. 하나님이 누구신지를 성경 전체의 빛 아래서 확연하게 드러낸다. 내가 쓰고 싶었던 주제를 리처드 보컴 박사가 선점했다는 생각이 든다. 구약학자로서 나는 이 책이 많은 독자층을 가졌으면 하는 바람이다.

류호준 한국성서대학교 구약학 초빙교수

기독교 신앙의 근본은 하나님이 누구신지 아는 지식이다. 조직신학은 한결같이 이 신지식을 하나님의 존재와 속성 등의 주제로 다룬다. 그에 비해 이 책은 하나님이 스스로 누구신지를 계시한 성경 말씀을 따라 그 지식을 탐구하였다는 점이 독특하다. 성경에서 하나님의 정체성이 드러나는 결정적인 계시의 순간을 포착하여 거기에 함축된 다양한 의미를 신구약 성경 전체의 맥락에서 드러낸다. 저자는 먼저 하나님이 벧엘에서 야곱의 꿈에 나타나신 사건이 구원역사에 점진적으로 계시되는 하나님의 임재를 이해하는

데 중추적인 역할을 함을 보여준다. 야곱과 함께하시겠다는 하나님의 약속은 세상 끝날까지 내가 너희와 함께 있으리라는 예수님의 말씀과 연결되며 결국 새 하늘과 새 땅에서 하나님이 영원히 우리와 함께하시는 종말의 비전으로 귀결된다는 관점을 탁월하게 전개해간다. 더 나아가 하나님의 이름과 성품, 그리고 삼위일체에 대한 특별한 계시의 순간이 창조에서 종말까지 펼쳐지는 성경 내러티브에서 갖는 포괄적인 의미를 잘 풀어준다. 그래서 하나님이 누구신지를 아는 지식의 풍성함으로 인도한다.

박영돈 고려신학대학원 교의학 명예교수

"하나님은 누구신가?"라는 질문만큼 인류에게 중대한 질문은 없다. 하지만 이 세상 대부분의 사람들은 이 질문에 대해 파편적이고 왜곡된 답을 지니고 살아간다. 이 시대 최고의 신약학자인 리처드 보컴은 성경을 종횡무진하면서 이 중요한 질문에 대한 답을 대중적인 언어로 풀어내었다. 야곱과 모세, 그리고 예수님을 통해 계시된 하나님은 성경을 통해 여전히 우리에게 계시하고 계신다. 보컴의 인도를 따라 이 책을 읽다 보면 하나님은 우주 저 어딘가에 숨어 계신 분이 아니라 오늘도 우리의 삶 가운데 자신을 계시하시며, 자신을 경험할 수 있도록 내어주시는 인격적인 존재임을 깨닫게 될 것이다.

신숙구 횃불트리니티신학대학원대학교 신약학 교수 그리스도인 독자라면 구약과 신약의 문서들 속에 흘러넘치는 은총의 장엄함을 직접 맛보고 싶을 것이다. 저자는 독자들의 그러한 기대를 하나님을 중심으로 집중적으로 탐구하여 독서의 즐거움을 배가시킨다. 적은 분량이지만 신학적 중량감을 지닌 이 책은 성서의 중심에 "하나님의 정체성"이 위치한다고 단언한다. 즉 "하나님이 누구신지 이해하는 과정"이 성서 읽기의 최종 목적이라고 설득력 있게 제시한다. 결국 성서 읽기의 과제가 집중할 내용이 무엇인지 추적하는 본서는, 정경(Canon) 텍스트인 성서가 하나님의 최종적인 계시를 담은 거룩한 문서라는 점을 확인하여 독자의 시선을 사로잡는다. 특히 "아디아포라(adiaphora)의 시대"에 설교자의 책임이 무엇인지 명확히 이해시킨다는 점에서 반드시 읽어볼 소중한 책이다.

윤철원 서울신학대학교 신학전문대학원 신약학 교수

신학의 춘추전국 시대에 "하나님은 존재하시는가"라는 질문 못지않게 "우리는 어떤 하나님을 믿고 말하는가"라는 질문이 중요해졌다. 성서는 다양한 하나님의 모습을 보여주고 있지만, 이 시대의 신앙지형이 워낙 혼탁하다 보니 그 다양성 못지않게 통일성도 시급하게 점검해야 할 과제가 되었다. 이 책은 이런 시대적 요구에 적절하게 부응하면서 신구약 성서를 통해 드러난 하나님의 계시의 요체를 일목요연하게 제시한다. 임재의 계시, 이름의 계시, 성품의 계시, 삼위일체의 계시로 이어지는 이 책의 전개 내용은 우리가 믿는 하나님에 대해 성서가 일관되게 서술하는 하나님 이해의 기본 토대라 할 수 있다. 이 책은 아무리 묻고 따지며 파헤쳐도 헷갈리는 하나님의 미묘한 비밀을 회의론적으로 말하기보다 그의 백성들과 여전히 함께하시

고 그들 앞에 임재하시며 그들의 애환 어린 삶의 자리에 자비와 긍휼과 인내로 돌보시는 하나님, 그리하여 적극 신뢰할 만하며 전적으로 의지할 만한 새 언약의 계시적 주체로서 우리의 하나님을 말한다. 성서학자는 여기까지 나아가야 성경신학자가 될 수 있다.

차정식 한일장신대학교 신학과 신약학 교수, 전 한국신약학회 회장

인간의 몸에 급소가 있듯이 이 책은 구약성서와 신약성서를 관통하는 성경신학적 맥으로서 하나님의 자기계시를 다룬다. 이를 위해 저자는 구약 세 본문을 중심으로(창 28:10-22; 출 3장; 33:17-34:8) 하나님의 임재와 이름과 성품에 집중한다. 동시에 이 하나님의 계시가 어떻게 유기적이면서도 점진적으로 그리스도 예수의 세례와 변용과 십자가 사건 속에 온전하게 실현되어 나타나고 있는지 조명해준다. 구약과 신약에 대한 정경적/구속사적/그리스도 중심적 읽기의 좋은 예시가 아닐 수 없다. 더 나아가 성경신학적 독법이 지향하는 삼위일체적 계시와 함의를 제공한다는 점에서 이 책은 적실한 기독교적 읽기를 지향하고 있다. 분량과 가독성을 고려할 때 교회와 신학교 안의 '약한 자'와 '강한 자' 모두를 즐거이 초대하는 보쿔의 성육신적 수작이다.

허주 아신대학교 신학과 교수

내게는 내가 성경과 하나님에 관해 이전에 고려해보지 못한 무언가 새롭고 중요한 내용에 대해 배우기 위해 책을 찾아 읽는 학자들이 손에 꼽을 만큼 있다. 리처드 보컴이 바로 그중에 한 사람이다. 『하나님은 누구신가?』는 하나님의 자기 계시에 관한 책이며, 그 자체로 또 하나의 계시다! 하나님은 자결권을 갖고 계시며, 자기 방식으로, 자기의 때에, 그리고 자신이 선택한 청중들에게 자기 자신을 계시하신다. 그분은 심지어 자신의 이름을 특별한 방식으로 계시하셨다. 그런데 놀랍게도 온 만물 가운데 유일하신 그 하나님은 이제 그리고 영원토록 특별히 예수 그리스도라는 인물을 통해 우리와 함께하기를 원하시고 그렇게 작정하셨다. 이 책은 모든 목회자, 평신도 그리고 하나님이 누구신지를 더 잘 알기 원하는 모든 이들의 책장에 있어야 하는 필독서다. 이 책은 보컴의 명석한 두뇌와 영혼을 살찌우는 영성을 가장 잘 드러내는, 단번에 고전 반열에 오를 책이다.

벤 위더링턴 3세 애즈버리 신학대학교 신약학 교수

리처드 보컴은 그의 성서학에 대한 방대한 학문을 하나님의 성품에 관한 흥미로우면서도 쉽게 접근할 수 있는 책으로 달여 냈다. 이 책은 매우 거대하면서도 중요한 주제를 담은 짧지만 매우 강렬한 책이다.

N. T. 라이트 세인트앤드루스 대학교 신약학 및 초기 기독교 연구교수

보컴은 깊은 사고와 학문이 뛰어난 학자로서 글을 쓴다. 그는 가장 쉽게 이해할 수 있는 방식으로 하나님에 대해 이야기하는 책을 썼다. 그리고 그는 구약의 하나님과 신약의 하나님에 대해 이야기하는데, 이 책은 이 분이 바로 신구약에서 구체적이면서도 일관되게 묘사된 그 유일한 하나님이심을 보여준다.

존 골딩게이 풀러 신학교 구약학 명예교수

이 탁월하고 읽기 쉬운 책에서 보컴은 오랫동안 제기되어온 질문을 던지고 답한다. 하나님은 누구신가? 이를 통해 그는 매우 계시적인 성경신학을 어떻게 전개해야 하는지에 대한 모델을 제시한다. 이 책은 음미하면서 읽을 만한 책이다. 그의 명료한 산문과 깊이 있는 성경 지식은 성경의 하나님을 다시 새롭게 만날 수 있도록 독자를 인도한다.

마리암 코발리쉰 리전트 칼리지 신약학 교수

Who is God?

Key Moments of Biblical Revelation

Richard Bauckham

Who is God?

Key Moments of Biblical Revelation
성경에 나타난 하나님의 계시의 결정적인 순간

하나님은 누구신가

리처드 보컴 지음
이형일 옮김

새물결플러스

목차

서문

이 책의 기원은 내가 두 차례에 걸쳐 강연한 세 편의 강의로 거슬러 올라갑니다. 첫 번째 강연은 아디스아바바 주재 에티오피아 신학대학원에서 진행된 2015년도 프루멘티우스 강의(Frumentius Lectures)였으며, 두 번째 강연은 캐나다 노바스코샤에 있는 아카디아 신학교에서 2018년도 헤이우드 강의(Haywood Lectures)로 진행되었습니다. 본서의 2장, 3장, 4장은 이 강의에 기초한 것이며, 그 강의 내용은 이 책에 편성되면서 다소 수정되고 확대되었습니다. 1장은 이 책의 집필을 위해 완전히 새롭게 쓴 것입니다.

나는 이 두 강의 시리즈에 초대해주신 분들께 감사드리며, 이 두 곳에서 나를 환영하고, 열정적인 청중을 모아주시고, 사려 깊고 예리한 질문을 던진 분들에게도 감사를 드립니다.

나는 이 책이 강의에서 비롯되었기에 이차 문헌에 관한 정보를 각주에 달지 않았습니다. 각주는 성경 구절과 간략한 설명에만 국한되어 있습니다. 그러나 나는 각 장 끝부분에 해당 장에서 다룬 주제와 관련된 더 중요하고 유용한 작품 일부를 참고문헌 형식으로 제시했습니다. 물론 각 장의 내용이 성경의 본문과 주제를 폭넓게 다루기 때문에 나는 이 참고문헌 목록을 한없이 늘릴 수도 있었습니다. 하지만 나는 이 참고문헌에 성경 주석은 포함하지 않기로 했습니다. 그 이유는 독자들이 손쉽게 스스로 찾아 읽을 수 있는 좋은 주석이 시중에 많이 나와 있기 때문입니다.

서론

점점 더 세속화되어가는 시대를 살아가는 오늘날 많은 사람들은 "하나님은 존재하는가?"라든지, "신은 존재하는가"라는 질문을 던진다. 하지만 이러한 질문을 신중하게 다루려면 우리는 "누가 하나님인가?"라는 질문도 함께 던져야 한다. 사람들이 "신"이라는 단어에 부여하는 의미는 여전히 무척 다양하다. 따라서 우리는 다음과 같은 질문을 던져야 한다. "당신은 정말로 어떤 종류의 하나님에 관해 이야기하는가?", "어떤 하나님인가?" 또는 "누가 하나님인가?" 성경 시대에 이런 질문은 너무나도 당연하였다. 사실상 대다수의 사람들은 "신", "신들" 또는 "신적 존재"라는 단어를 적용할 수 없는 대상이 하나도 없다고 생각했다. 하지만 어느 신이 진정한 하나님인가? 당신이 말하는 하나님은 누구인가? 바로 이것이 가장 중요한 질문이었으며, 지금도 나는 여전히 그렇다고 생각한다.

비록 신적 존재라는 개념이 어떤 공통점을 갖고 있고, 어떤 개념은 다른 개념보다 더 공통점이 있긴 하지만, 그리스도인들은 성경에서 하나님의 계시라고 말하는 그런 결정적인 사건과 경험을 더욱더 중요시한다. 우리는 오직 하나님이 자신을 어떤 존재로 계시하셨는지에 주목하면서 "누가 하나님인가?"라는 질문에 답할 수 있다. 이런 질문에 답하기 위해서는 성경 전체의 계시가 중요하다. 성경 전체가 무엇에 관한 것이냐고 묻는다면 나는 다음과 같이 대답할 것이다. 성경은 그 무엇보다 하나님의 정체성에 관한 것이며, 동시에 하나님의 이야기와 그의 창조에 관한 이야기다. 이 이야기는 태초에 이루어진 창조에서부터 종말에 나타날 새 창조에 이르기까지 모든 것을 망라하는 포괄적인 이야기를 다룬다. 성경은 집약적으로 하나님의 정체성에 관한 것이며, 광범위하게는 하나님과 이 세상의 이야기에 관한 것이다.

이러한 포괄적인 이야기 안에는 우리에게 하나님이 누구신지를 규정하는 결정적인 계시의 순간이 있다. 이 순간은 성경의 이야기 속에서 그저 단 한 번만 서술되지 않고, 성경에서 계속 언급하는 기준점과도 같다. 이것은 전체 이야기를 통해 계속해서 반향을 일으키는 순간이다. 커다란 의미를 지닌 다른 모든 사건처럼 이 사건이 지닌 의미는 단번에 포착할 수도 없고 그 무궁무진한 의미도 다 파악할 수 없다. 따라서 우리는 이 사건을 다양한 의미를 함축하고 있는 사건으로 읽어야 하며, 하나님의 유한한 피조물인 우리에게 무궁무진하고 신비스러운 하나님의 정체성을 일러주는 사건으로 읽어야 한다. 이 사건들은 필립스(J. B. Philips)가 "당신의 하나님은 너무나도 작다"[1]라고 한 유명한 말처럼 우리 하나님에 대한 이해와 하나님과 우리의 관계에 도전을 주어야 한다.

우리가 본서에서 다룰 하나님의 결정적인 계시의 순간은 결코 성경에 나타난 유일한 계시의 순간이 아니며, 다른 계시의 순간들이 포함될 수도 있었다. 하지만 우리가 여기서 고려할 대상은 의심의 여지없이 그중에서 가장 중요한 계시의 순간들이다. 그 계시의 순간은 야곱이 벧엘에서 꾼 꿈(창 28:10-22), 타오르는 떨기나무에서 모세에게 계시하신 사건(출 3장), 시내산에서 모세에게 계시하신 사건(출 33:17-34:8), 그리고 마가복음에 기록된 세 가지 결정적인 계시의 사건(1:9-11; 9:2-8; 15:37-39)이다. 이 모든 경우에 우리가 성서신학적으로 탐구할 영역은 이 계시의 순간보다 훨씬 더 넓지만, 이 계시의 순간들은 우리가 그 관련된 지역을 지날 때 우리를 인도할 별이 될 것이다.

이 책에서 내가 채택한 방법론은 성경을 하나의 정경으로 취급하는 것이다. 여기서 나는 성경 텍스트의 배후와 주변을 역

---

1   J. B. Phillips, *Your God Is Too Small: A Guide for Believers and Skeptics Alike* (New York: Touchstone, 2004). 이 책은 1952년에 처음으로 출간되었다.

사적으로 재구성하는 데 관여하지 않을 것이다. 물론 그러한 작업은 나의 큰 관심사이며, 다른 곳에서 그 작업을 추진하고 있지만 말이다. 여기서 나는 우리가 가지고 있고, 또 정경에 들어 있는 텍스트에만 집중한다. 정경은 하나님의 계시를 통해 하나님을 증언하는 신성한 글을 하나로 묶은 모음집이다.

나는 하나님의 정체성이 구약성경과 신약성경 안에서, 그리고 신구약 전반에 걸쳐 일관되게 나타나 있음을 독자들에게 보여주기를 소망한다. 나는 성경의 여러 부분에 나타나 있는 다양성을 포기하려는 것이 아니다. 오히려 나는 신학적인 성경 해석은 다양성 안에서 통일성을 추구해야 한다고 생각한다. 이 방법론은 큰 그림을 그릴 수밖에 없지만, 세부적인 주해가 그 핵심이다. 주해는 정경 전체 안에서 중요한 역할을 하는 주제들을 강조함과 동시에 어떤 특정 본문들을 그 문학적 정황 안에서 제대로 이해하는 데 그 목적이 있다.

본서는 무척 광범위하며 매우 중요한 주제를 다루는 작은 책이다. 그러나 나는 이 책이 하나님의 은혜로 일부 독자들이 하나님을 더 잘 알아가는 데 도움이 되기를 소망한다고 감히 말하고 싶다.

1장

하나님의 임재의 계시

우리가 고려할 첫 번째 결정적인 계시의 순간은 이스라엘 백성의 조상인 족장 야곱이 벧엘에서 꾼 꿈이다.

[10] 야곱이 브엘세바에서 떠나 하란으로 향하여 가더니, [11] 한 곳에 이르러는 해가 진지라. 거기서 유숙하려고 그곳의 한 돌을 가져다가 베개로 삼고 거기 누워 자더니, [12] 꿈에 본즉 사닥다리가 땅 위에 서 있는데 그 꼭대기가 하늘에 닿았고, 또 본즉 하나님의 사자들이 그 위에서 오르락내리락하고, [13] 또 본즉 여호와께서 그 위에 서서 이르시되 "나는 여호와니 너의 조부 아브라함의 하나님이요 이삭의 하나님이라. 네가 누워 있는 땅을 내가 너와 네 자손에게 주리니, [14] 네 자손이 땅의 티끌같이 되어 네가 서쪽과 동쪽과 북쪽과 남쪽으로 퍼져나갈지며, 땅의 모든 족속이 너와 네 자손으로 말미암아 복을 받으리라. [15] 내가 너와 함께 있어 네가 어디로 가든지 너를 지키며, 너를 이끌어 이 땅으로 돌아오게 할지라. 내가 네게 허락한 것을 다 이루기까지 너를 떠나지 아니하리라" 하신지라. [16] 야곱이 잠이 깨어 이르되 "여호와께서 과연 여기 계시거늘 내가 알지 못하였도다." [17] 이에 두려워하여 이르되 "두렵도다. 이곳이여! 이것은 다름 아닌 하나님의 집이요 이는 하늘의 문이로다." [18] 야곱이 아침에 일찍이 일어나 베개로 삼았던 돌을 가져다가 기둥으로 세우고, 그 위에 기름을 붓고, [19] 그곳 이름을 벧엘이라 하

였더라. 이 성의 옛 이름은 루스더라. [20] 야곱이 서원하여 이르되 "하나님이 나와 함께 계셔서 내가 가는 이 길에서 나를 지키시고, 먹을 떡과 입을 옷을 주시어, [21] 내가 평안히 아버지 집으로 돌아가게 하시오면 여호와께서 나의 하나님이 되실 것이요, [22] 내가 기둥으로 세운 이 돌이 하나님의 집이 될 것이요, 하나님께서 내게 주신 모든 것에서 십 분의 일을 내가 반드시 하나님께 드리겠나이다" 하였더라(창 28:10-22).[1]

이 이야기는 잘 알려진 이야기이지만, 내가 이번 장에서 제안하듯이 이 이야기는 일반적으로 성경 전체 이야기 속에서 중추적인 역할을 한다고 여겨지지 않는다. 물론 하나님은 야곱의 조부 아브라함에게 수차례 나타나셔서 그에게 말씀하셨고, 때로는 그의 아버지 이삭에게도 그렇게 말씀하셨다. 하나님은 그들의 후손에게 땅을 주셔서 그들이 수많은 후손을 얻게 하시고, 또 그 후손들을 통해 모든 민족이 복을 받게 할 것을 약속하셨다. 그러나 하나님은 오직 이삭에게만 하나님이 그와 "함께"하신다는 사실

---

1   달리 언급하지 않는 한, 성경 본문은 개역개정판을 사용함.

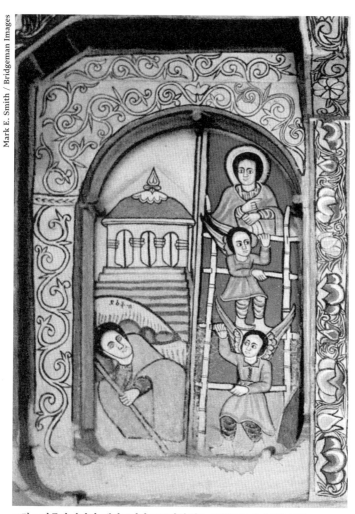

그림 1. 야곱의 사다리. 에티오피아 고고라에 있는 데브레 시나 미리암 교회.

을 밝히셨다(창 26:24; 참조. 26:28).[2] 이러한 인격적인 임재에 관한 약속은 나중에 야곱이 벧엘에서 꾼 꿈에서 훨씬 더 구체적으로 주어진다. 거기서 하나님은 아브라함과 이삭에게 주신 약속을 반복하시며 이 약속을 야곱과 그의 후손에게 주시는 것임을 구체적으로 밝히시지만(28:13-14), 야곱이 그 꿈에서 실제로 본 것과 들은 것의 핵심은 그와 함께하시겠다는 하나님의 계시다. 우리가 곧 살펴보겠지만 이 계시의 사건은 성경 나머지 부분에서 인간 가운데 거하시는 하나님의 임재에 관해 이야기를 예고한다.

야곱이 벧엘에 도착했을 때 그는 자기 집을 버리고 자기 형에서의 진노를 피해 도망치고 있었다. 야곱은 그의 아버지 이삭의 축복을 에서가 아닌 자신에게 주도록 속였으며, 그의 어머니 리브가는 그의 안전을 위해 직선거리로 약 8백 킬로미터나 떨어져 있는 그녀의 친척 집으로 그를 떠나보냈다. 이것은 알 수 없는 미래를 향한 만만찮은 여행이었으며, 야곱은 그의 인생에서 처음으로 혼자의 몸이 되었다. 이것은 그가 지금까지 자기 식구의 하나님인 아브라함과 이삭의 하나님으로만 알고 있던 그 하나님

---

2   창 21:20에 의하면 하나님은 이스마엘과 함께 계셨지만, 창 21:22에 의하면 하나님은 아브라함과 함께 계신다. 하지만 그 어떤 경우에도 이것은 그 사람에게 나타난 하나님의 임재의 계시가 아니다.

과 자신의 관계에 큰 변화를 요구했다(창 28:13). 만약 야곱이 자기 가족과 멀리 떨어진 상태에서 자신을 발견하고자 한다면, 그리고 만약 그가 혼자가 된 이 생소하고 불확실한 세상에서 자신이 어떤 사람이 될 수 있는지를 발견하고자 한다면 그는 이제 반드시 그 하나님을 자신의 하나님으로 만나야만 한다. 그는 이것을 그냥 마음속으로만 생각한 것이 아니다. 이것은 야곱이 하나님께로 돌아서는 것이 아니라 하나님이 야곱에게로 향하고 있는 것이다.

야곱이 꿈에서 보는 이미지는 아마도 대다수 성경 역본에 나타나 있듯이 사다리가 아니라 계단이다(히브리어 단어는 이 의미도 나타낼 수 있다). 아마도 이것은 고대 메소포타미아 사람들이 세운 인공 산 – 지구라트로 알려진 – 의 비탈진 곳에 있는 넓은 돌로 만든 계단이었을 것이다. 야곱의 조상들이 살았던 우르라는 도시에는 유명한 지구라트가 하나 있었다. 사람들은 신들이 하늘에 닿는 우주의 산꼭대기에서 살고 있다고 생각했다. 따라서 수메르인들은 이 신들을 경배하기 위한 신전을 세우기 위해 거대한 산을 건축해서 신들은 거기에 거하고, 사람들은 계단을 따라 산 정상에 올라가 신들을 경배할 수 있도록 했다.

야곱의 꿈에서 주목할 만한 사항은 혹자가 기대하듯이 그가 하나님을 계단 꼭대기에서 보는 것이 아니라 계단 맨 밑에서 본다는 것이다. 이것이 "여호와께서 그(즉 계단) 위에 서서"로 번역할 수 있는 가장 개연성 있는 의미이지만, 아마도 "여호와께서 그(야곱) 옆에 서서"(창 28:13)라는 의미일 개연성이 매우 높다. 이것이 여호와께서 야곱에게 하신 말씀인 "내가 너와 함께 있어"(28:15)에 가장 잘 어울리는 번역이다. 야곱은 하나님을 저 높은 꼭대기에서 만나기 위해 계단을 열심히 올라가야 하는 노력을 할 필요가 없었다. 하나님과의 의사소통도 계단을 오르내리는 천사들을 통해 중재될 필요가 없었다. 그들은 이 땅에서 하나님의 뜻을 행하도록 하늘로부터 보냄을 받은 하나님의 사자들이다("천사"는 "사자"를 의미한다). 그들은 하늘과 땅의 소통을 상징한다. 그러나 야곱의 꿈에서는 이를테면 하나님이 그들을 그냥 무시하신 것이다. 하나님 자신이 계단을 직접 내려오셔서 잠자고 있는 야곱을 바라보며 옆에 서서 계셨다. 그는 멀리 하늘에 계시지 않고 이 땅에 야곱과 "함께" 계신다.

그래서 야곱이 놀라 잠에서 깼을 때 그 꿈은 여전히 그의 의식에 남아 있었다. 그는 "이것은 다름 아닌 하나님의 집"(창 28:17)이라고 말한다. 그의 말은 하나님은 단지 하늘에만 계시지 않고 자기가 자고 있던 바로 그 자리에도 계신다는 것을 의미한다. "여호와께서 과연 여기 계시거늘 내가 알지 못하였도다!"(28:16) 그래서 그는 거기서 잠을 잘 때 베개로 삼았던 그 돌을 기둥으로 세우고, 거기 계신 하나님의 임재를 기념하는 봉헌식을 올린다. 그는 그 장소를 "하나님의 집"이라는 의미에서 벧엘이라고 명명한다. 하지만 심지어 이처럼 벧엘에 계신 하나님의 임재를 인식하는 것도 야곱의 꿈에 담긴 가장 심오한 의미를 모두 포착하지는 못한다. 그가 발견한 것은 하나님이 그 특정 장소에 계신다는 것이 아니라, 하나님이 야곱이 있는 곳에 계신다는 것이다. 하나님은 야곱과 함께 계시며, 또 그가 어디로 가든지 그와 함께하실 것이다. "내가 너와 함께 있어 네가 어디로 가든지 너를 지키며"(28:15). 야곱에게 나타나신 하나님의 계시는 정작 하나님을 예배할 성전을 바로 옆에 둔 채 벧엘에 정착하려는 사람을 위한 것이 아니다. 오히려 하나님의 계시는 여행을 떠나는 사람을 위한 것이다. 지금부터는 야곱이 잠을 자는 곳마다 벧엘이 될 것이다. 야곱의 삶에서 계속 되풀이되는 주제는 하나님이 그와 함께하신다는 것이다(창 31:3; 35:3; 46:4을 보라).

우리는 창세기에서 서술하듯이 이 주제를 야곱의 나머지 이야기에서 만나볼 수 있다. 야곱이 자기 삼촌 라반의 집에서 14년의 세월을 보낸 후 마침내 그 약속의 땅으로 돌아왔을 때 그는 하나님께서 자기에게 약속하셨듯이 "내가 가는 길에서 나와 함께하[셨다]"(창 35:3)며 과거를 회상한다. 야곱은 그것이 자신이 가나안 땅 밖에서 지낸 세월의 마지막 종착지라고 생각했을 것이다. 하지만 그는 자기의 인생 말년에 또 다른 긴 여정의 길을 떠나야 함을 깨닫게 된다. 이번에는 이집트에서 그의 아들들 및 그가족과 재회하기 위해서 말이다. 연로한 노인에게 이러한 긴 여행은 젊은 청년에게보다 훨씬 더 고된 일이었을 것이다. 어쩌면야곱으로서는 이것이 어떻게 그와 그의 후손을 위한 하나님의계획의 일부일 수 있는지 깨닫는 것이 훨씬 더 어려웠을 것이다. 하나님은 그들에게 이 땅을 주시기로 약속하셨다. 어떻게 온 가족이 다른 나라에 가서 정착하는 것이 타당했겠는가? 그래서 하나님은 다시 한번 "밤에…이상 중에" 그에게 말씀하셨다. 하나님은 이집트에 정착하는 것은 하나님이 약속한 미래로 나아가는한 단계(46:3)에 불과하다는 확신을 그에게 주시면서 다음과 같이 덧붙이신다. "내가 너와 함께 애굽으로 내려가겠[다]"(46:4).

마지막으로 그의 아주 긴 생애 막판에 이르러 야곱은 이 긴세월 동안 언제나 한결같이 그에게 보여준 하나님의 보호하시는임재를 되돌아보면서 "나의 출생으로부터 지금까지 [나의 목자가 되신] 하나님"에 대해 이야기한다(창 48:15). 이 이미지는 야곱이 그의 장인 라반의 양 떼를 돌보면서 목자로 일하던 그의 젊은 시절을 연상시킨다(30:29-43). 야곱은 목자로 사는 것이 어떤것인지를 잘 알고 있었다. 목자는 양 떼를 목초지와 물로 인도해야 하지만, 가장 근본적으로는 항상 양 떼와 함께 있어야 한다.

목자는 양 떼를 보호하고 돌보기 위해 그들과 함께 있어야 한다. 야곱이 하나님을 목자와 비교한 것은 필연적으로 시편 23편을 우리에게 상기시킨다. 이 시편과 목자이신 하나님이란 이미지의 중심에는 "주께서 나와 함께하심이라"(시 23:4)가 있다. 사실, 이 말씀은 말 그대로 이 우아한 시의 핵심 단어들이다. 하나님과 함께 하는 삶에서는, 야곱과 시편 저자가 이미 잘 알고 있듯이, 그분의 인도, 공급, 보호가 중요하지만, 그 모든 경험의 중심과 원천은 바로 우리와 "함께"하시는 하나님의 임재다. 이 시편은 이 시의 내용으로 기도하는 모든 이에게 야곱의 경험을 공유하도록 도와주며, 바로 이것이 이 시편이 모든 시편 가운데 가장 널리 알려진 이유일 것이다. 하나님이 우리와 "함께"하신다는 것을 발견한다는 것은 아마 그 누구에게라도 가장 중요한 발견일 것이다. 왜냐하면 일단 그 사실을 발견하면 그 삶의 경험을 완전히 새로운 색채로 바꾸어놓기 때문이다.

따라서 성경에서 "함께"라는 이 짧은 단어가 하나님과 인간을 서로 연결할 때 아주 강력한 단어가 된다. 히브리어 성경에서 하나님이 개인에게 "함께"하시겠다고 약속한 경우로는 이삭, 요셉, 모세, 여호수아, 기드온, 사울, 다윗, 솔로몬, 여로보암, 아사,

여호사밧, 예레미야 등의 경우를 꼽을 수 있다.[3] 하나님은 또한 이스라엘 백성이 그에게 신실하면 그들과 "함께"하시겠다고 말씀하셨다.[4] 더 나아가 "주께서 당신과 함께하십니다!"는 이스라엘에서 표준적으로 사용하는 인사말이었다.[5] 이 인사말은 바로 인생이 어떠해야 하는지를 말해주고, 또 자신과 타인에게 바라는 소원이었다. (이 성경의 용례는 종종 후대 역사에서 기독교 예배에서뿐만 아니라 일상 용어로도 사용되었다. 어떤 이와 헤어질 때 "goodbye"를 사용하는 대다수 영어 구사자들은 이 단어의 어원이 본래 "하나님이 당신과 함께하시길"[God be with you]이라는 의미가 있었다는 사실을 알지 못한다. 최근에 등장한 한 가지 변형은 스타워즈에서 유래한 그 유명한 "그 힘이 당신과 함께하기를"[May the Force be with you!]이란 표현이다.)

내가 방금 나열한 예들이 잘 보여주듯이 사람들과 "함께"하

---

3   이삭: 창 26:3, 24; 요셉: 창 48:21; 참조. 행 7:9; 모세: 출 3:12; 여호수아: 신 31:23; 수 1:5, 9, 17; 3:7; 기드온: 삿 6:12; 사울: 삼상 10:7; 20:13; 다윗: 삼하 7:3, 9; 솔로몬: 대상 28:20; 여로보암: 왕상 11:38; 아사: 대하 15:2; 여호사밧: 대하 20:17; 예레미야: 렘 1:8, 19. 신약성경에서는 이 표현이 예수에게 사용된다. 요 3:2; 16:32; 행 10:38. 오직 가끔 이 관계가 반대로 진술된다(인간이 하나님과 함께): 시 73:23; 139:18.

4   예. 신 2:7; 31:6, 8; 왕상 8:57; 시 46:7, 11; 91:15; 사 41:10; 43:2, 5; 45:14; 렘 30:11; 42:11; 46:28; 암 5:14; 학 1:13; 2:4; 슥 8:23; 10:5.

5   룻 2:4; 참조. 출 18:19; 삿 6:12; 삼상 17:37; 삼하 14:17; 대하 36:23; 스 1:3; 또한 롬 15:33; 빌 4:9; 살후 3:16b; 딤후 4:22.

시는 구약의 하나님의 임재는 절대로 중립적이거나 비활동적인 임재가 아니다. 때때로 이것은 전쟁에서 사람들을 보호하고 전쟁을 승리로 이끄는 것을 가리키기도 한다. 이것은 언제나 하나님이 "함께"하시겠다고 약속한 이들에 대한 호의와 돌보심을 가리킨다. 이것은 그들의 삶에 엄청난 차이를 가져다준다.

하나님의 임재에 대한 이해

기독교 신학 전통에서 하나님의 "편재"(omnipresence)는 종종 형이상학적 속성의 하나로 여겨졌으며, 우리는 그리스도인들이 "하나님은 어느 곳에나 계신다"라고 말하거나 생각하는 것을 흔히 발견할 수 있다. 이것이 틀린 말은 아니지만, 우리는 이에 관해 신중히 생각해야 한다. 하나님은 온 우주를 만드시고 유지하시는 분이시므로 그분은 그의 피조물을 지키시고 그들과 항상 함께 계시며, 일어나는 모든 일에 긴밀하게 관여하신다. 이것이 창조주로서 하나님의 우주적인 임재다. 이것은 어떤 사람들이 상상하는 것처럼 하나님이 공간적인 의미에서 온 세상에 만연해 계신다는 의미가 아니다. 이것은 단순히 정적으로 "그곳에 계시다"는 의미도 아니다. 하나님의 임재는 인격적이며 적극적이다. 그분은 모든 순간에 모든 피조물과 함께 존재하기를 원하며 또 그렇게 하신다. 하지만 하나님이 모든 피조물과 함께 모든 순간에 똑같은 방식으로 존재하신다는 이 근본적인 생각은 성경이 말하고자 하는 핵심이 아니다. 왜냐하면 비록 성경이 하나님과 우리의 관계를 강조하긴 하지만, 우리는 오직 하나님이 특정한 사람으로서의 우리 – 개인이든 집단이든 – 와 관계를 맺을 때만 이것을 인식하게 되기 때문이다. 심지어 하나님의 "편재"에 대한 성경의 증거로 종종 인용되는 시편 139:7-10도 단순히 "하나님은 어느 곳에나 계신다"는 사실을 단언하는 것이 아니다. 시편 저자에게 중요한 것은 그가 어디로 가든지 – 심지어 우주의 가장 끝자락까지도 – 하나님은 거기서 그를 만나실 것이라는 사실이다.

> 거기서도 주의 손이 나를 인도하시며,
>
> 주의 오른손이 나를 붙드시리이다(10절).

이것은 바로 이 시편 저자와 함께하시는 하나님의 개인적이며 적극적인 임재의 문제다.

이러한 하나님의 존재의 특수성은 하나님이 다른 여러 방식으로 존재하실 수 있다는 것을 의미한다. 그분은 야곱과 함께하셨던 것처럼 각 개인의 삶에 계속해서 "함께"하실 수 있다. 그분은 출애굽 이후에 이스라엘 백성을 인도하시고 보호하시며 불기둥과 구름 기둥으로 그들과 함께하실 수 있다. 하나님은 광야의 성막 안에, 그리고 예루살렘의 성전 안에 임재하실 수 있었고, 거기서 그분께 드리는 제사는 그의 백성이 그의 거룩한 임재 안으로 들어갈 수 있도록 해주었다. 하나님은 특별한 신의 현현, 꿈, 비전, 또는 심지어 엘리야와 만날 때의 "완전한 침묵"(왕상 19:12) 속에서도 나타나실 수 있다. 이 모든 것은 은혜로우시고 구원을 베푸시는 하나님의 임재의 방식이지만, 하나님은 악에 대한 진노와 심판 가운데도 임재하실 수 있다. 우리가 구약성경에서 발견하는 매우 다양한 형태의 하나님의 임재는 신약성경에서도 계속되거나 이에 상응하는 형태가 존재하지만, 그중 다수는 이를 능가하는 새로운 형태로 하나님의 임재의 절정을 보여주기도 한다. 그것이 바로 예수 그리스도가 인간으로 나타나신 하나님의 임재, 곧 성육신이다. 그 이후로 그의 백성과 함께하시는 하나님의 임재의 영속적인 모습은 예수 그리스도의 영으로서 신자들 안에 거하시며 활동하시는 성령의 모습이다.

하나님의 임재: 동행하시는 임재와 정적인 임재

벧엘의 계시는 두 가지 측면이 있다. 나는 지금까지 한 특정 장소에서 야곱과 함께하시는 하나님의 임재의 경험은 그가 어디로 가든지 하나님의 임재가 그와 함께하실 것이라는 믿음을 가져다주었음을 강조했다. 이것은 다른 사람들도 경험할 수 있는 패턴이다. 하나님의 임재를 특별히 경험한다는 것은 하나님의 임재 앞에서 사는 삶을 시작할 수 있게 한다. 하나님을 처음 경험하고 나면 하나님은 언제나 똑같은 방식으로 신자와 함께하지 않을 수 있지만, 신자는 이제 자신의 삶에서 일어나는 모든 일에 하나님의 동행하시는 임재를 확신할 수 있으며, 적어도 때로는 그분의 임재를 느낄 수 있다.

하지만 우리는 야곱이 그 장소를 "하나님의 집"이라고 부른 사실을 간과해서는 안 된다. 성전을 가리키는 데 사용되기도 하는 이 용어는 하나님이 그 장소에 거하신다는 것을 암시한다. 따라서 야곱은 그의 꿈이 자신이 어디를 가든지 자기와 함께하시는 하나님의 임재뿐만 아니라 벧엘에 거하시는 하나님의 지속적인 임재를 계시해주었다고 확신했다. 야곱이 세운 돌은 그 장소가 하나님이 계신 곳임을 표시하는 것이다. 사실 가나안 땅으로 돌아가는 길에 야곱은 다시 벧엘로 돌아와 거기서 얼마 동안 정착한다(창 35:1, 6-7, 16). 이번에는 하나님이 야곱에게 벧엘에서 실제로 예배를 위한 제단을 쌓으라고 지시하신다(35:1, 14). 이것은 성경 이야기에서 처음으로 하나님이 누군가에게 제단을 쌓을 것을 구체적으로 명령하신 경우다(비록 22:2에 그런 명령이 암시되어 있지만 말이다). 벧엘은 후대에 예루살렘 성전이 세워지기 전에 이스라엘 백성이 예배했던 여러 신당 가운데 하나였으며(삿 20:18, 26-27; 21:2), 그 이후에는 북이스라엘 왕국의 두 개의 주요한 신당 가운데 하나였다(왕상 12:26-33; 왕하 23:15-17; 호 10:15; 암 3:14; 4:4; 7:13).

"하나님의 집"이란 표현을 사용함으로써 야곱은 고대 근동 종교의 공통적인 특징 가운데 하나를 받아들였는데, 그것은 그의 꿈에서도 암시되어 있었다. 즉 그 당시에 신들은 하늘에 있는 집에 상응하는 이 땅의 집을 가질 수 있었다. 여기서 중요한 것은 이 땅의 집과 하늘의 집 간의 연관성이 이 땅에서 그 신의 임재를 보장해주었다는 것이다. 따라서 신전은 사람들이 신의 임재 앞으로 나아갈 수 있게 해주는 장소였다. 솔로몬이 예루살렘에 지은 성전도 바로 이 패턴을 따른다.

하지만 예루살렘에 이스라엘 백성의 성전, 즉 어떤 특정 장소에 하나님을 위한 영원한 거처가 세워지기 이전에는 광야에 성막이 있었다. 이 성막은 이스라엘이 시내산에서 하나님의 특별한 백성이 될 때 하나님의 언약의 일환으로 지어진 것이다. 벧엘에서 야곱에게 주어진 하나님의 계시와 하나님이 그의 백성과 "함께" 거하시는 이 두 장소, 즉 성막과 성전 사이에는 매우 중요한 유사점이 있다. 성막은 야곱이 어디를 가든지 그와 함께하시는 하나님의 지속적인 임재에 해당한다. 성전은 벧엘에 위치한 그 "집"에 거하시는 하나님의 더 영구적인 거처에 해당한다.

"성막"(tabernacle, 라틴어 *tabernaculum*, "텐트")이라는 영어 단어는 히브리어 성경의 영역본에서 "거처"(*miškān*)라는 의미의 히브리어를 번역하는 데 사용된다. 이 성막은 하나님이 "그들 가운데 거하실" 장소로 하나님이 이스라엘에 주신 것이다(출 29:46). 따라서 광야에서 이 성막은 이스라엘 백성의 진 한 복판에 있었다. 하지만 이 성막은 또한 "성소" 또는 "거룩한 곳"(*miqdāš*; 예. 25:8)이라고도 불렸다. 이것은 창세기의 족장 시대에 비하면 큰 변화를 나타낸다. 하나님과 족장들이 만나는 다수의 기사에서 "거룩한"과 "거룩"이란 단어는 단 한 번도 사용되지 않는다. 하지만 일단 하나님이 시내산에서 자신에게 헌신할 한 민족을 세우신 후로는 거룩함이 그들 가운데 거하시는 하나님의 임재의 중요한 특징이 된다. 이것은 불순함과 죄는 하나님의 임재 앞에서 결코 용납될 수 없음을 의미한다. "등급에 따라 나뉜 성결" 제도 — 이로써 지성소에 계시는 하나님의 임재는 덜 거룩한 공간에 의해 성막 밖의 불경스러운 공간과 분리된다 — 는 이제 하나님의 임재라는 위험으로부터 사람들을 보호함과 동시에 하나님이 그들에게 접근하실 수 있도록 하는 역할을 한다. 사람들은 이제 제사장의 중재와 제사를 통해 하나님께 나아갈 수 있게 되었으며, 하나님의 호의도 얻을 수 있게 되었다.

이러한 특징은 예루살렘 성전에도 적용될 수 있지만, 성전과 가장 구별되는 성막의 독특성은 바로 그 이동성이다(삼하 7:5-7을 보라). 하나님의 백성이 회막에 거하며 이곳저곳으로 이동하는 동안에 하나님도 그렇게 이동하셨다. 야곱이 여행을 하는 동안 하나님이 그와 동행했던 것처럼 성막 또한 이스라엘과 동행했다. 사실 성막 안에 계시는 하나님의 임재를 보여주었던 구름 기둥은 광야를 지나는 동안 백성들과 동행했을 뿐만 아니라 그들을 앞서서 인도했다(민 9:15-23).

여러 곳을 돌아다녀야 하는 특성 때문에 성막은 하나님의 "집"이 아니었고 왕궁은 더더욱 아니었다(비록 성막이 화려한 장식 때문에 왕에게 더 어울리기는 했지만 말이다). 그러나 다윗 왕이 계획하고 그의 아들 솔로몬이 지은 예루살렘 성전은 이 두 가지 모두에 해당했다. 이 둘을 모두 가리키는 "성전"(hêkāl)이라는 공통 단어는 사실 왕의 궁전을 의미한다. 그 당시 예루살렘에서 하나님의 궁전과 왕의 궁전, 그리고 이스라엘에 대한 하나님의 통치와 그분을 대신하는 왕의 통치는 서로 밀접하게 연관되어 있었다. 이스라엘이 그 땅에 정착하면서부터 그들과 함께하시는 하나님의 임재는 더 이상 이동하지 않았고, 하나님은 자신이 거할 처소인 시온산(신 12:5; 시 132:13)을 "안식처"(시 132:8)로 정하셨다. 히브리어 성경 전체는 이것이 하나님의 의도였음을 분명히 밝힌다.[6]

　성서신학을 연구하는 일부 학자들은 하나님의 고정된 거처라는 개념을 이동 가능한 성막과 비교하면서 성전을 경시하기도 한다. 성전은 하나님을 구속하고 통제하며 제사장들과 그들의 종교의식의 지배를 받게 한다. 이로써 제사장들과 종교의식은 하나님의 임재와 은혜를 통제하는 수단으로 여겨진다. 이러한 견해는 아마도 성소와 제사의식에 대한 개신교의 불신에 영향을 받은 것으로 보인다. 하지만 이것은 성경에서 성전을 이해하는 방식과 어울리지 않는다. 비록 모든 면에서 더 거대한 규모를 자랑하지만, 성전의 설계도와 제사장 및 제의 제도는 성막과 근본적으로 다르지 않다. 하나님은 시온산에 "정착하신다." 그 이유는 왕과 제사장들이 그분의 임재를 통제하고 싶어서가 아니라 그의 백성이 이미 이 땅에 정착했기 때문이다. (솔로몬의 성전이

6　신약성경에서는 마 23:21; 요 2:16-17; 행 7:7을 보라.

파괴되고, 하나님의 백성이 이 땅에서 포로로 잡혀갔을 때 하나님의 임재는 적어도 은유적인 의미에서 다시 한번 이동식 성소로 이동한다[겔 11:16]). 성전은 성막과 마찬가지로 하나님이 은혜로 사람들이 자기에게 접근할 수 있도록 약속하신 물리적인 공간이었다. 우리는 이것을 "두세 사람이 내 이름으로 모인 곳에는 나도 그들 중에 있느니라"(마 18:20)라는 예수의 약속과 비교할 수 있다. 이 세상에서는 대체로 하나님의 임재가 분명하게 나타나지 않기 때문에 하나님의 백성은 이와 같은 확신이 필요하다. 성전은 은혜로 하나님께 나아갈 수 있는 것에 대한 가시적인 표시이자 이를 한없이 초월하는 하나님의 지상의 발판이었다.[7] 물론 하나님이 자기에게 나아오도록 허락하신 온갖 방법과 같이 성전도 예언자들이 경고한 것처럼 남용될 우려가 있다. 성전은 사람들의 신실하지 못함 및 불순종과 무관하게 하나님의 보호를 보장해줄 수 없다 (렘 7:1-11; 미 3:9-11을 보라). 사람들이 그들 가운데 계시는 하나님의 거룩하신 임재를 그들의 삶 속에서 대수롭지 않게 여겼을 때 하나님은 더 이상 그곳에 거하지 않으셨고, 하나님을 위해 그들이 지은 궁전은 결국 파괴되고 말았다.

하나님의 임재는 결코 성전에만 국한될 수 없었다. 하나님

---

7   대상 28:2; 시 99:5; 132:7; 애 2:1; 참조. 사 66:1.

의 발판이라는 성전의 이미지는 이 점을 지적하는 방법 중 하나였다.[8] 솔로몬이 성전 봉헌식에서 드린 기도는 이 점을 잘 강조해준다. "하늘과 하늘들의 하늘이라도 주를 용납하지 못하겠거든 하물며 내가 건축한 이 성전이오리이까!"(왕상 8:27) 성전에만 거하시는 하나님의 임재의 한계를 명시하는 또 다른 방법은 성전을 주의 이름이 거하는 장소로 언급하는 것이다(예. 신 12:5, 11, 21; 왕상 8:29; 14:21). 하나님의 이름은 그의 백성이 하나님을 그의 이름으로 부를 수 있도록 계시된 그의 개인적인 이름이다(본서 2장을 보라). 하나님의 이름이 성전에 거한다는 것은 그의 백성의 기도가 전달되도록 하나님이 그곳에 인격적으로 임재해 계신다는 것을 의미한다. 따라서 그는 "내 이름을 영원히 그곳에 두며 내 눈길과 내 마음이 항상 거기에 있으리니"라고 말씀하신다(왕상 9:3). 하나님에 대한 접근성에 관한 가시적인 표시로서 성전은 사람들이 찾아가는 장소였을 뿐만 아니라 사람들이 어디에 있든지 그곳을 향해 기도하던 장소였다(왕상 8:29-30, 35, 44, 48; 단 6:10). 성전은 사람들의 사회적 신분이 제아무리 낮다 하더라도 모든 이스라엘과 심지어 이스라엘 사람이 아닌 자들까지도

8　이와 마찬가지로 성전에 계신 하나님에 대한 이사야의 환상에서도 하나님의 옷자락만 성전을 채우고, 그의 영광은 온 땅을 가득 채운다(사 6:1-3).

(왕상 8:41-43) 천지를 지으시고 다스리시는 하나님을 만날 수 있는 기회를 제공해주었다. 주님께서 야곱의 곁에 계시기 위해 하늘에서 지상으로 내려오신 것처럼 성전은 하나님의 백성과의 은혜로운 연대를 가시적으로 나타내는 표지였다.

시편은 제2성전기에 찬양집으로 편찬되었다. 개별 시는 서로 매우 다른 시대에, 그리고 매우 다양한 상황에서 쓴 것이지만, 그중 다수는 성전 안에서 찬양하거나 기도하기 위해 지어졌고, 그중 일부는 시편 저자들이 성전에서 하나님의 근접성을 체험하거나 갈망했던 경험에 대한 강한 인식을 보여준다. 시편 84편이 하나의 탁월한 예라고 할 수 있다. 이 시편은 추측건대 예루살렘에서 멀리 떨어진 곳에 살고 있으면서도 성전에서 거행하는 절기 축제에 참여하기 위해 기꺼이 순례의 길에 오르는 어떤 사람의 목소리를 전한다. 그는 주님의 가까운 임재를 경험했던 당시의 기쁨을 간절히 원한다. 그는 자신이 성전에서 모든 시간을 보내는 사람들 가운데 하나가 되기를 원한다. 그러나 그는 단순히 성전에 있는 물리적인 임재가 주님의 은총과 보호를 보장해주는 것이 아님을 잘 알고 있다. 이러한 복은 "정직하게 행하는 자"에게, 그리고 이러한 복을 주시는 주님을 "의지하는 자"에게 주어진다(11-12절). 이 시편 저자가 바로 그런 사람 중 하나였기 때문에 성전에서 하나님을 만나는 그의 강렬한 경험은 계속해서 그의 남은 생애로 이어진다. 그는 예루살렘에 도착하기도 훨씬 전에 수개월마다 이미 하나님으로부터 큰 힘을 받는다(5-7절). 이 시편은 성전에서 경험한 하나님의 임재가 어떻게 그의 전 생애를 형성해나갈 수 있는지를 열정적으로 표현해준다.

임마누엘

임마누엘이란 이름은 "하나님이 우리와 함께[하신다]"라는 의미다. 이스라엘의 부모들은 아기를 허락하신 하나님의 은총에 대한 감사를 표현하기 위해 이 이름을 아기에게 지어주곤 했다. 하지만 이사야 7:14에서 언급된 이 이름은 이보다 훨씬 더 큰 의미가 있으며, 마태복음 1:23의 인용을 통해 하나님의 "함께하심"이라는 히브리어 성경의 개념이 신약성경에서 받아들여지고 또 이를 초월하는 매우 중요한 계기가 된다.[9]

그 문맥에서 임마누엘이라고 불릴 아기에 대한 이사야의 언급은 그가 그 당시 유다의 다윗계 통치자인 아하스 왕과 나눈 대화에서 나온다. 이사야는 아하스 왕에게 하나님이 주신 징조―

---

9   이와 관련하여 계 21:3도 매우 중요하다.

아하스 왕이 요구한 징조가 무엇이든지 간에 ― 를 제시하겠다고 약속하지만, 아하스는 그 징조를 구하는 것을 거부한다. 이는 아마도 그가 하나님의 약속을 믿지 않았기 때문일 것이다(사 7:10-11). 이에 대한 답변으로 이사야는 아하스뿐만 아니라 아하스가 속한 "다윗의 집"을 향해 다음과 같이 말한다.

> [13] 다윗의 집이여! 원하건대 들을지어다. 너희가 사람을 괴롭히고서 그것을 작은 일로 여겨 또 나의 하나님을 괴롭히려 하느냐? [14] 그러므로 주께서 친히 징조를 너희에게 주실 것이라. 보라! 처녀가 잉태하여 아들을 낳을 것이요 그의 이름을 임마누엘이라 하리라.

이 "징조"가 담고 있는 의미는 모호하다. 현대 학자들의 많은 해석이 그렇듯이 말이다. 여기서 처녀는 누구인가? 이어지는 예언이 대부분 다윗의 집에 대한 하나님의 심판이라는 점을 고려하면 왜 이 아기는 "하나님이 우리와 함께[하신다]"로 불릴까?

학자들은 종종 마태가 이사야 7:14을 (그리스어 역본으로, 그리고 일부 수정하여) 예수의 탄생에 대한 언급으로 인용할 때(마 1:22-23) 그는 이 구절을 히브리어 성경의 문맥뿐만 아니라 그 문맥이 지닐 수 있는 그 어떤 의미와도 완전히 분리했다고 생각한다. 이것은 전혀 놀랄 만한 일이 아니다. 마태는 다른 초기 그리스도인들과 같이 히브리어 성경에 속한 모든 책 중에서 이사야가 특히 예수와 그의 메시아적 소명에 관한 예언으로 가득 차 있다고 생각했을 것이다. 이사야가 선포한 이 신비로운 징조의 특성은 그 당시 이사야에게는 감추어져 있었지만 그 예언이 성취됨에 따라 이제는 그 의미가 밝힌 드러난 예언으로 해석하는 견해를 지지해준다(참조. 벧전 1:10-12).

그럼에도 우리는 마태가 이 구절의 문학적 배경을 어느 정도 인식하고 있었다고 주장할 수 있다. 이사야 7장은 여기서 아하스 왕으로 대표되는 다윗 왕조의 쇠퇴에 관한 것이다. 하지만 아기의 이름, "하나님이 우리와 함께[하신다]"는 하나님이 다윗과 "함께" 군사적 승리를 포함하여 다윗이 모든 면에서 어떻게 성공할 수 있게 해주셨는지를 상기시켜주지만,[10] 이사야의 신탁은 이어서 장차 아하스와 다윗의 집에 그러한 성공을 거부한다(사 7:17). 이것은 마치 "표적" 곧 임마누엘의 탄생이 아하스와 그 후계자들에게는 흉조이지만, 근본적으로는 재앙 너머에 있는 소망을 나타내는 긍정적인 표현으로 보인다. 하나님은 아하스와 함께하지 않으신다. 그러나 그는 이사야가 다른 본문에서 언

---

10   삼상 16:18; 18:12, 14, 28; 삼하 5:10; 7:9; 왕상 1:37; 11:38.

급한 신실한 "남은 자들" 곧 "우리"와 함께하신다(6:13; 8:17). 이때 임마누엘은 아하스까지 이어진 다윗 왕조의 몰락 너머에 있는 새로운 시작을 대표할 다윗계 왕, 곧 메시아적 인물로 보아야 한다. 이것은 비록 다윗 왕조를 상징하는 나무는 넘어졌지만, 그 줄기에서 새로운 싹이 자라나는 이사야 11:1의 이미지와 일치한다. 만약 임마누엘이 메시아적 아기라면 우리는 이사야 9:6-7을 그를 가리키는 훨씬 더 풍성한 의미의 말씀으로 이해할 수 있다.

마태복음은 예수의 혈통이 아브라함과 다윗에게로 거슬러 올라가는 예수의 계보로 시작한다(1:1-17). 이 계보의 주된 목적은 다윗 혈통의 메시아, 곧 새로운 다윗으로서 예수의 다윗 왕좌에 대한 정통성을 확보하는 것이다. 따라서 이 계보는 다윗의 자손인 요셉의 집안에서 예수가 탄생하는 마태복음의 기사로 곧바로 이어진다. 이 계보는 아하스를 포함하여 유다 왕들을 거쳐 다윗의 혈통까지 거슬러 올라가며, 예언자들이 이미 예언했듯이 그들의 통치가 막을 내리고, 살아남은 왕실의 가족들이 포로로 잡혀간 바벨론 포로기까지 이어진다. 다시 말하면 마태는 여기서 이사야 7장이 암시하는 다윗 왕조의 실패를 묘사한다. 바벨론 포로로 잡혀간 이후 이 계보는 아마도 다윗 왕가의 우두머리로 보이는 인물들, 즉 스룹바벨로부터 예수의 아버지인 요셉에 이르기까지 왕좌에 오르기를 기다리는 아주 모호한 인물들의 이름을 나열한다.

　바로 이러한 문맥에서 마태는 임마누엘에 관한 이사야의 신탁(1:23)을 포함하여 예수의 수태와 탄생(1:18-25)을 서술한다. 마태는 분명히 이 기사를 예언자 시대의 다윗 왕조의 실패 너머에서 다윗 혈통의 새로운 시작을 예기하는 것으로 이해했다. 또한 임마누엘이란 이름의 의미는 마태에게 중요하다. 그는 독자들을 위해 "하나님이 우리와 함께 계시다"라는 그리스어 번역을 제공한다. 히브리어에서처럼 그리스어에서도 "계시다"라는 동사는 없다. 따라서 여기서 한 가지 질문이 제기된다. 과연 마태는 이사야처럼 이 아기와 그의 이름을 하나님이 그의 백성과 함께 계신다는 증표로 보았는가? 아니면 그는 이것을 예수가 그의 백성과 함께하시는 하나님의 인간적 임재인 "하나님이 우리와 함께"로 이해했는가? 어쩌면 마태가 서술하는 이야기의 현시점에서 이 질문은 열려 있는 상태라고 할 수 있다. 하지만 이 복음서에서 이어지는 많은 부분은 독자들이 두 번째 옵션을 선택하도록 유도한다. 우리는 예수가 이 복음서에서 하나님의 유일무이하신 정체성을 공유하는 자로서 말하고 행동한다는 다수의 암시를 여기서 모두 논의할 수 없다. 그 대신 우리는 도입부를 연상시키도록 고안된 이 복음서의 결말 부분에 초점을 맞출 것이다.

　한 문학 작품에서 양쪽 끝에 같은 주제나 단어가 등장하며 시작과 끝이 서로 상응하는 것은 "인클루지오"라고 불리는 잘 알려진 고대의 문학 장치인데, 신약성경에서도 종종 찾아볼 수 있다. 마태복음의 경우 이러한 상응 관계는 첫 두 장과 마지막 단락(28:16-20) 사이에서 나타나는데(이 단락은 부활 이후 예수의 마지막 출현과 그의 최후의 말씀을 서술한다), 이는 다음과 같다.

1. 예수는 통치자다. 그는 유대인의 왕이며(2:1-6), 하늘과 땅에 있는 모든 것에 대한 권세를 소유하고 있다(28:18).
2. 예수는 유대인뿐만 아니라 이방 민족을 위한 메시아이며(1:1[11]; 2:2-11), 이방 민족은 "아버지와 아들과 성령의 이름으로" 세례를 받아야 한다(28:19).
3. 예수는 경배를 받는다(2:2, 8, 11; 28:17).[12]
4. 예수는 "하나님이 우리와 함께하시는" 분이다(1:23; 28:20).

각각의 경우 도입부는 결론부의 관점에서 읽어야 한다.

---

11 이 계보는 예수가 다윗의 자손, 곧 이스라엘의 메시아일 뿐만 아니라 모든 민족에게 복의 근원이 될 아브라함의 자손임을 보여준다(창 12:3 등).
12 비록 동사 "프로스퀴네오"(*proskyneō*)가 신적 예배를 의미할 필요는 없지만, 마태복음의 용법을 신중하게 연구해보면 그의 복음서에서는 이 동사가 그런 의미를 지니고 있음을 알 수 있다.

우리의 초점은 이제 이러한 상응 관계 중에서 맨 마지막 것에 맞추어진다. 예수의 마지막 말씀, 곧 "볼지어다! 내가 세상 끝날까지 너희와 항상 함께 있으리라"(마 28:20)가 이 복음서의 결어(結語)다. 이 말씀과 1:23의 연관성은 분명하다. 하지만 그 차이점도 매우 의미심장하다. 거기서 예수는 "하나님이 우리와 함께"하시는 분으로 묘사되는데, 여기서는 "나는 너희와 함께 있다"고 말씀하신다. 하나님의 임재가 예수의 임재와 동일시된다. 그는 이스라엘의 이야기 전반에 걸쳐 그의 백성과 함께하시는 하나님의 임재에 대해 확신을 주면서 **하나님처럼** 말씀하신다. 사실 창세기를 신중하게 읽은 독자들은 벧엘에서 야곱에게 주신 하나님의 약속이 떠오를 수도 있다("보라! 내가 너와 함께 있다", 창 28:15).

야곱의 꿈과 마태복음의 종결부 사이의 유사한 점은 이것뿐이 아니다. 특히 마태복음의 열한 제자가 메시아적인 의미에서 새롭게 회복된 이스라엘을 나타내지만, 야곱은 이스라엘 백성의 조상이었으며 나중에 이스라엘이란 이름이 주어진 점을 기억한다면 이는 더더욱 그러하다. 세상 끝날까지 계속 함께하실 것이라는 약속이 이 두 경우에서 모두 주어진다.

내가 너와 함께 있어 네가 어디로 가든지 너를 지키며 너를 이끌어 이 땅으로 돌아오게 할지라. 내가 네게 허락한 것을 다 이루기까지 너를 떠나지 아니하리라(창 28:15).

> 볼지어다! 내가 세상 끝날까지 너희와 항상 함께 있으리라"(마 28:20).

이 두 경우에서 모두 아브라함의 자손을 통해 모든 민족을 복 주시겠다는 하나님의 약속이 상기된다.

> 땅의 모든 족속이 너와 네 자손으로 말미암아 복을 받으리라(창 28:14).

> 그러므로 너희는 가서 모든 민족을 제자로 삼아(마 28:19).

이러한 암시들은 마태복음의 초기 독자들이 포착할 수 있을 정도로 분명하진 않다. 하지만 성경 전체의 이야기를 배경으로 이 마태복음 본문을 읽는 독자에게는 이러한 암시를 확인할 수 있는 문이 활짝 열려 있다. 먼저 야곱에게 끝까지 동행하리라는 하나님의 임재에 대한 약속은 이제 암묵적으로 메시아에 대한 믿음을 통해 야곱의 자손이 된 모든 민족에게 갱신되고 확대된다.

이것은 야곱이 전혀 예상치 못했던 하나님의 임재의 형태로 나타난다. 즉 이것은 모든 민족에게 복을 주시는 야곱의 자손 예수의 인간적인 삶을 통해 나타난 하나님의 임재다. 예수는 우리와 함께하시는 하나님이다.

예수, 야곱의 꿈에 나타난 계단

우리는 마태복음의 마지막 단락이 야곱의 꿈과 어떤 면에서 유사한지를 살펴보았다. 신약성경은 야곱의 꿈에 대한 또 다른 암시를 내포하고 있는데, 이번에는 이 암시가 정말로 우리가 바라는 만큼이나 분명하다. 이러한 암시는 매우 의미심장한 곳, 즉 요한복음 1:51에 기록된 예수의 말씀에서 나타난다. "진실로 진실로 너희에게 이르노니 '하늘이 열리고 하나님의 사자들이 인자 위에 오르락내리락하는 것을 보리라' 하시니라."

　　이 구절이 창세기 28:12에 대한 분명한 언급이라는 점은 의심의 여지가 없다. 왜냐하면 "하나님의 사자들이…오르락내리락하는 것"(그리스어 원문에서는 여덟 단어가 연속으로 등장함)이라는 표현은 창세기 본문과 정확하게 일치하기 때문이다. 이 말씀은 예수가 이 복음서에서 가르친 말씀 가운데 첫 번째에 해당한다.

왜냐하면 이 지점까지 예수의 말씀은 가르침이라기보다는 오히려 누군가와의 대화였기 때문이다. 이 말씀은 또한 이 복음서에서 매우 의미심장한 "진실로 진실로 너희에게 이르노니"로 시작하는 예수의 스물다섯 개의 말씀 가운데 첫 번째 말씀이기도 하다. (이것은 다른 복음서에 나타난 "내가 진실로 너희에게 이르노니"라는 더 간결한 형태를 요한복음 저자가 변형시킨 것이다.)

마치 이것 역시 이 말씀의 중요성을 드러내기에는 불충분하기라도 하듯이 우리는 이 말씀이 요한복음에서 예수가 자신을 "인자"로 언급하는 열 개의 말씀 가운데 첫 번째 말씀이라는 사실도 지적할 필요가 있다. 이 복음서에서 예수는 자신의 운명, 그러니까 일반적으로 자신의 죽음과 승귀에 관해 말할 때 자기 자신을 가리키는 이 수수께끼 같은 표현을 사용한다.[13] 나는 십자가를 나무에 매달아 올린 예수의 육체적 "들림"과 천상의 영광으로 들림을 받은 예수의 상징적 승귀를 동시에 나타내는 요한복음의 독특한 관점을 지칭하기 위해 "죽음과 승귀"라는 표현을 사용한다. "인자"에 관한 다른 여러 말씀들이 1:51에서처럼 하늘로 올라갔다 내려오는 것을 언급하는 것은 결코 우연이 아니

---

13 다른 본문은 다음과 같다. 3:13, 14; 5:27; 6:27, 53, 62; 8:28; 12:23; 13:31(12:34에서는 무리들이 이 어구를 사용한다). 이 중에 6:53만 "진실로 진실로 너희에게 이르노니"로 시작한다.

다(3:13; 3:14; 6:62; 8:28). 이 가운데 대부분은 수수께끼와 같다. 즉 이 말씀들은 이 이야기의 등장인물들은 이해하지 못하고 다만 독자들이나 청자들이 그 말씀을 곱씹어 그 의미를 발견하도록 일부러 모호하게 만든 말씀이며, 그 의미는 이 복음서 이야기가 전개되어나가면서 점점 더 분명해진다.

야곱의 꿈을 암시하는 이 말씀도 그런 수수께끼와 같다. 비록 우리는 방금 예수의 제자가 된 이 다섯 남자가 과연 이 말을 이해했는지 알 수 없지만, 아마도 그들은 이 말을 이해하지 못했을 것이다. 그들은 예수가 심지어 자신에 대해 이야기하는지조차도 알지 못했을 것이다. 그들이 곧 보게 될 내용은 야곱의 꿈-환상처럼 환상과 같은 언어("너희들은 하늘이 열리는 것을 보게 될 것이다")로 묘사된다. 하늘은 그들이 하늘을 우러러볼 수 있도록 열리는 것이 아니라(행 7:55-56의 스데반처럼) 하늘과 땅을 오가면서 천사들이 하늘에 들락날락하는 것을 볼 수 있게 열릴 것이다.[14] 물론 야곱의 꿈에서 천사들은 계단 위를 오르락내리락한다. 당연히 예수의 말씀은 그가 약속한 환상에서 천사들이 인자 위를 오르락내리락할 것을 의미한다. 많은 학자들은 이것을 인정하기

---

14 세례 시 예수가 본 환상에서도 성령이 이 땅에 내려오실 수 있도록 하늘이 열리고(막 1:10), 베드로가 본 환상에서도 보자기가 내려올 수 있도록 하늘이 열린다(행 10:11).

를 꺼렸으며, 이 말이 야곱의 꿈과 어떤 관련이 있는지에 대해 훨씬 더 복잡한 해석을 제시했다. 그러나 여기서 서로 상응하는 대상은 분명히 계단과 인자이지만, 환상을 보게 될 제자들은 야곱에 상응한다. 이러한 이해는 예수가 방금 나다나엘을 "이는 참으로 이스라엘 사람이라. 그 속에 간사한 것이 없도다"라고 평가했다는 사실과 잘 어울린다(요 1:47). 환상을 보았을 때 형을 속이고 아버지의 축복을 가로챈 야곱과는 대조적으로 나다나엘은 마지막 때에 메시아를 믿게 될 신실한 이스라엘을 대표한다. 사실 1:51에 기록된 예수의 말씀은 애초에 나다나엘에게 하신 말씀이다. 비록 "너희"라는 복수형이 다른 제자들도 포함한다는 것을 보여주긴 하지만 말이다.

이로써 일종의 두 번째 야곱인 제자들은 예수가 만든 계단을 통해 하늘을 오르락내리락하는 천사들을 보게 될 것이다. 다시 말하면 예수가 하늘과 땅 사이의 간극을 이어주는 길이 될 것이다. 하지만 이 말씀을 나중에 자신이 "들릴" 것이라는 예수의 모호한 말씀과 비교한다면 우리는 이보다 더 구체적으로 말할 수 있다. 예를 들어 히브리어 성경 본문을 창의적으로 사용하는 또 다른 본문에서 예수는 다음과 같이 말한다. "모세가 광야에서 뱀을 든 것 같이 인자도 들려야 하리니, 이는 그를 믿는 자마다 영생을 얻게 하려 하심이니라"(요 3:14-15).[15] 이 말씀은 민수기 21:6-9의 이야기를 언급하는 것인데, 거기서 모세는 놋뱀을 만들어 장대 위에 달아 독사에 물린 사람들이 그것을 보고 독으로 인해 죽는 것을 피할 수 있도록 한다. 예수의 말씀에서 "들린다"는 말은 십자가를 우회적으로 가리키는 표현이다. 이와 마찬가지로 요한복음 1:51의 말씀도 계단이나 사닥다리처럼 "높이 달린" 예수를 묘사한다.[16] 천사들은 아마도 창 28:12에서처럼 계단/사닥다리가 하늘과 땅을 연결한다는 것을 암시하는 기능만을 수행할 것이다.

하늘에서 내려온 예수는 십자가 위에서 자신이 갔고 자기를 믿는 자들도 갈 수 있는 하늘로 가는 길을 만든다. "내가 땅에서 들리면 모든 사람을 내게로 이끌겠노라"(요 12:32). 이것은 또한 예수가 자신이 "길이요 진리요 생명"(14:6), 곧 아버지의 집으로 갈 수 있는 길(14:2-3)이라고 천명할 때 그가 전달하려던 의미다. 예수는 단지 그 길을 열어주시는 분이 아니라 그가 바로 그 길이다. 또한 그는 하늘과 땅을 이어주는 계단 또는 사닥다리다.

우리가 이미 살펴보았듯이 야곱의 꿈에서 그 계단의 의미는

---

15   "들림"에 관해서는 요 8:28; 12:32-34도 보라.
16   창 28:12의 그리스어 버전에서처럼 이 히브리어 단어도 사닥다리를 가리키는 것으로 볼 수도 있다.

하늘에 계신 하나님께 도달하기 위해 야곱이 그 계단을 올라가
야 한다는 것이 아니라 하나님이 이 땅에 있는 야곱과 "함께"하
시기 위해 그 계단을 내려오셨다는 데 있다. 이 이미지에 대한 예
수의 재해석은 이 의미와 정확하게 일치하지 않는다. 하지만 우
리는 요한복음에서 예수가 하늘에서 내려왔기 때문에 그 길이
될 수밖에 없다는 점을 기억해야 한다(3:13; 6:62). 그가 이 땅에
서 제자들과 "함께" 있었기 때문에(14:9, 25; 17:12) 이제 그들은
하늘의 영광 가운데 그와 "함께" 있을 수 있다(17:24; 참조. 14:2).
이 복음서는 부활 이후에 제자들의 삶 속에 거하시는 하나님의
임재를 표현하기 위해 훨씬 더 강하고 독특한 용어를 사용하지
만,[17] "함께"라는 이 중요한 작은 단어는 이 용어의 중요성을 그
대로 보존한다(14:17).

새 성막과 새 성전이신 예수

야곱이 꿈을 통해 자신이 하나님의 임재를 경험한 장소를 "하나
님의 집"(벧엘)이라고 밝혔기 때문에 종종 요한복음 1:51은 예수

---

17   요 14:17, 20, 23; 17:23을 보라.

가 새 성전이라는 주제를 연상시키는 것으로 해석되어왔다. 하지만 이 구절에는 창세기 이야기의 그 측면을 암시하는 부분이 전혀 없으며, 그 측면을 이 문맥에 도입하는 것은 예수가 실제로 말하고자 하는 바―야곱의 사닥다리가 자신이 십자가에 "들림"을 받을 것을 상징하는 것으로 해석하는 것―를 더 복잡하고 모호하게 만드는 경향이 있다.

하지만 예수를 새 성전으로 묘사하는 것―더 정확하게 말하자면 에스겔(겔 40-47장)과 다른 예언자들이 미리 내다본 메시아 시대의 성전―은 요한복음에서 매우 중요한 주제임이 틀림없다. 이 주제의 거의 모든 측면은 하나님의 임재라는 우리의 주제와 아주 밀접하게 연관되어 있지 않아[18] 우리는 여기서 단지 이 복음서 프롤로그의 한 핵심 구절에만 초점을 맞추려고 한다.

> 말씀이 육신이 되어 우리 가운데 거하셨고[eskēnōsen] 우리는 그의 영광, 곧 은혜와 진리가 충만하신 아버지의 유일한 자의 영광을 보았다(요 1:14).[19]

---

18 예를 들어 요 7:37-38은 겔 47:1-12의 새 성전에서 흘러나오는 생명수의 이미지를 암시한다.

19 저자의 번역.

여기서는 몇 가지 언어학적 정보가 도움이 될 것이다. 내가 여기서 "거하셨고"로 번역한 그리스어 동사 "스케노오"(*skēnoō*)는 "텐트"(*skēnē*)를 가리키는 단어와 관련이 있기 때문에, 이 동사는 "텐트에 살다" 또는 "텐트를 치다"를 의미할 수 있다. 하지만 이 동사는 또한 더 일반적으로 "거처를 정하다", ("어딘가에 산다"는 의미에서) "거하다"를 의미할 수 있다. 따라서 이 구절의 한 가지 번역은 "우리 가운데 자기 집을 정하셨고"("made his home among us", REB)이며, 또 다른 번역은, 비록 임시적 거처라는 함의가 반드시 담겨 있는 것은 아니지만, "우리 가운데 한 동안 사셨고"("lived for a while among us", NIV)다. 하지만 이 구절에서 이 동사의 온전한 의미를 파악하려면 우리는 이 그리스어 동사가 히브리어 동사 "샤칸"(*šākan*)의 세 자음을 공유한다는 점(히브리어 단어에서는 세 자음으로 구성된 어근이 중요하다)에서 서로 유사하다는 것을 인식해야 한다. 언어학적인 우연의 일치로서 이 히브리어 동사는 "거처를 정하다", "거하다"를 의미하는데, 히브리어 성경에서 이 동사는 광야의 성막(예. 출 25:8)이나 시온산의 성전(예. 사 8:18)에 계시는 하나님의 거처를 가리키는 데 사용된다. 사실 "성막"을 가리키는 히브리어 단어는 거처를 의미하는 같은 어근(*miškān*)에서 유래했다. 우리가 알다시피 이것은 실제로 텐트였다. 따라서 그리스어 용어와 히브리어 용어 간의 일치는 주목할 만하며, 히브리어 성경을 번역한 그리스어 역자들도 때로는 "샤칸"(*šākan*)이 하나님께 적용될 때(예. 민 35:34)는 이 단어를 합성동사 "카타스케노오"(*kataskēnoō*)로 번역하고, 성막을 가리킬 때는 "스케네"(*skēnē*)로 번역하면서 이 단어의 장점을 살렸다.

이러한 배경을 놓고 보면 요한복음 1:14의 "우리 가운데 거하셨고"라는 표현은 광야의 성막을 가리키면서 하나님이 "나 여호와는 [너희] 가운데 있"다고 말씀하시거나 또는 더 적절하게 메시아 시대를 가리키면서 그분이 "나는 네 가운데에 머물리라"(예. 슥 2:10-11)라고 말씀하시는 본문들을 반향한다. 광야에서 보낸 시기와의 연관성은 시내산에서 모세에게 율법이 주어지고, 모세가 시내산에서 하나님의 영광을 보여달라고 요구하지만 하나님(즉 하나님의 얼굴[출 33:18-23])을 볼 수 없는 장면을 가리키는 구절들을 통해 확실히 강화되는 반면, "은혜와 진리가 충만하신"(요 1:14)이란 표현은 동일한 사건에서 하나님이 자신을 모세에게 묘사한 방식(출 34:6)을 반향한다.[20]

그렇다면 이 말씀에 담긴 함의는, 이 말씀의 성육신("말씀이 육신이 되어")은 하나님이 광야에서 그의 백성과 함께 거하시는 방식과 유사하면서도 이를 초월한다는 것이다. 예수 안에서 하

---

20 하나님의 성품에 관해서는 3장을 보라.

나님의 인간적인 임재, 아버지의 영광을 반영하는 유일한 아들, 하나님의 근본적인 속성("은혜와 진리의 충만함")은 모세의 때와는 달리 우리 눈앞에 가시적으로 드러난다. 예언자들의 소망 ― 하나님이 미래에 그의 백성 가운데 있는 새 성전에 거하실 것이라는 소망 ― 은 "우리와 함께"하시는 이러한 독특하고 새로운 형태의 하나님의 임재에서 성취된다. 예수 자신이 우리 가운데 거하시는 하나님이시며, 모세의 언약을 성취하고 이를 초월하는 새 성막 또는 성전이시다.

여기서 옛것과 새것의 결합은 성육신이 어떻게 하나님의 임재를 나타내는 하나의 독특한 형태인지를 이해하는 데 매우 중요하다. 요한복음 1:14에서 "말씀이 육신이 되어"라는 말은 히브리어 성경에서 그 전례를 찾아볼 수 없다. 이것은 새롭고도 놀라운 사건이다. 요한복음에서 "육신"이라는 단어는 연약하고 죽을 수 밖에 없는 인간의 본성을 가리킨다. 이 단어는 인성과 신성의 차이를 강조한다(참조. 3:6). "하나님과 함께 계셨고" "하나님이셨던" 이 말씀은 완전한 인간이 되셨다. 이 구절은 또한 요한복음의 프롤로그가 "말씀"의 언어에서 "아들"의 언어로 바뀌는 전환점이기도 하다. 인간 예수로 오신 말씀의 인간적인 임재는 전적으로 인격적이며, 이로써 그의 아버지의 영광을 공유하고 아버지처럼 "은혜와 진리가 충만한" 아들의 임재로도 볼 수 있다.

"말씀이 육신이 되어"라는 놀랍고도 충격스러우리만큼 새로운 이 표현 직후에는 성경에서 너무나도 잘 알려진 "우리 가운데 거하셨고"라는 표현이 뒤따른다. 예수 안에 계시된 하나님이 바로 모세에게 알려진 그 "은혜와 진리가 충만한" 하나님이시듯이, 예수 안에 거하시는 하나님의 임재 또한 이스라엘의 초기 역사에서 하나님이 그들을 자기 백성으로 세울 때 그들과 "함께하시고" "그들 가운데 거하신" 바로 그 동일한 임재다. 비록 하나님이 인간들과 "함께하신다"는 것이 주목할 만한 점이긴 하지만, 사실 하나님이 실제로 우리, 곧 인간과 똑같은 한 사람으로 우리와 함께하기 위해 이 땅에 오신 성육신 사건은 우리가 예상했던 모든 것을 완전히 초월한다. 요한복음의 프롤로그는 우리에게 이 사실을 보여줌으로써 이 복음서 이야기를 이토록 심오한 의미를 담고 있는 "우리와 함께하시는 하나님"의 이야기로 읽을 수 있도록 우리를 초대한다.

끝까지 우리와 함께하시는 하나님

우리가 창세기부터 추적한 하나님의 "함께하심"이라는 주제는 성경 끝부분까지 이어진다. 요한계시록의 새 창조와 새 예루살렘에 관한 비전이 바로 그것이다. 하나님이 이 세상과 함께하시는 자신의 역사 전체를 성취하고 완성하실 때 비로소 이것이 영원토록 하나님과 인간의 근본적인 관계가 될 것이다.

> 보라! 하나님의 거처[또는 장막: *skēnē*]가 사람들과 함께 있고, 그가 그들과 함께 거하시리니[*skēnōsei*], 그들은 그의 백성들[peoples]이 되고 하나님은 친히 그들과 함께 계실 것이다(계 21:3b, 저자의 번역).[21]

"함께"라는 단어가 세 번 반복된다는 사실은 성경에서 이 구절이 하나님의 "함께하심"을 가장 잘 드러내는 진술 중 하나임을 보여준다.

요한계시록에서처럼 히브리어 성경에 기록된 예언들은 여기서 새롭게 결합되어 새롭게 해석된다. 이 본문의 기초가 되는 히브리어 성경에 기록된 하나님의 약속은 다음과 같다.

> [내가] 내 성소[*miqdāš*]를 그[이스라엘] 가운데에 세워서 영원히

---

21 일부 사본은 "백성"(people)으로 기록되어 있는데, 이 독법은 일부 영역본에 반영되어 있지만, 더 좋은 독법은 분명 "백성들"(peoples)이다.

이르게 하리니, 내 처소[*miškān*]가 그들 가운데 있을 것이며, 나는 그들의 하나님이 되고, 그들은 내 백성이 되리라(겔 37:26b-27).

여호와의 말씀에…이는 내가 와서 네 가운데에 머물 것임이라. 그날에 많은 나라가 여호와께 속하여 내 백성[들]이 될 것이요 나는 네 가운데에 머물리라[*šākan*](슥 2:10b-11a[히 2:14b-15a]).

이 두 본문은 모두 성막과 성전이라는 하나님의 처소를 가리키는 히브리어 용어를 사용한다. 그런데 우리는 여기서 요한계시록 21:3이 어떻게 이 용어를 이에 상응하는 그리스어로 교체했는지를 볼 수 있다. 여기서 또 주목할 만한 점은 이스라엘("내 백성")에 대한 에스겔의 초점이 스가랴서에서는 메시아 시대에 하나님의 "백성[들]"이 될 "많은 나라"를 포함하기 위해 확대된다는 것이다. 이것은 요한계시록에서도 활용되어 처음으로 "함께하시는" 하나님의 임재가 단순히 그의 단일 백성인 이스라엘, 그리고 단순히 새로운 백성인 교회가 아니라 하나님의 "백성들"이 되는 "인간들"과 함께하시는 우주적 임재가 된다.

영생의 모든 축복은 바로 이러한 하나님의 "함께하심"에서 비롯된다. 우리는 여기서 방금 인용한 본문 바로 다음에 나오는 한 본문에만 주목하고자 한다. "[하나님은] 모든 눈물을 그 눈에서 닦아 주시니"(계 21:4a). 이 약속은 거의 문자 그대로 이사야

25:8에서 온 것이다. 이것은 새 창조세계에서 하나님의 존재와 인간 사이에 존재하는 매우 친밀한 관계를 분명하게 상기시켜준다. 죽음과 고난의 폐지(계 21:4b)는 단순히 전능하신 하나님의 형이상학적인 행위일 뿐만 아니라 하나님과 인간이 나눈 교제의 결실이다. 함께하는 공동의 삶에서 하나님의 연민과 영원하신 하나님의 생명은 슬픔과 죽음이 다시는 그들의 삶에 침투하지 못하도록 막아준다.

이 구절을 요한복음 1:14에 대한 우리의 해설과 함께 상고해보면 우리는 성육신이 궁극적으로 어떻게 되었는지 궁금해할 수도 있다. 요한복음 1:14에서 하나님이 그의 백성과 함께 거하시리라는 예언자의 소망은 예수, 곧 새 성막 안에서 성취된 반면, 요한계시록 21:3에는 하나님 자신이 그의 백성과 함께 거하신다는 이야기만 등장한다. 하지만 이야기를 계속 읽어나가면 우리는 예수 그리스도가 새 예루살렘에서 완전히 사라지지 않았다는 것을 알게 된다. 예언자는 "성 안에서 내가 성전을 보지 못하였으니 이는 주 하나님 곧 전능하신 이와 및 어린 양이 그 성전이심이라"라고 말한다(21:22). 어떻게 보면 이 성 전체가 성전이다. 왜냐하면 이 성 전체가 하나님이 계셨던 성전 지성소의 완벽한 정육면체(21:16)의 모습을 취하고 있기 때문이다. 또 다른 의미에서 보면 이 성에는 성전이 없다. 왜냐하면 이 성은 지성소처럼 하나님의 임재로 가득 차 있기 때문이다. 따라서 여기서는 하나님이 계셨던 특별한 장소 대신에 "전능하신 주 하나님과 어린 양"이 성전인 셈이다.

하나님의 임재에 관하여

Samuel Terrien, *The Elusive Presence: Toward a New Biblical Theology* (San Francisco: Harper & Row, 1978).

Ingolf U. Dalferth, *Becoming Present: An Inquiry into the Christian Sense of the Presence of God*, Studies in Philosophical Theology 30 (Leuven: Peeters, 2006).

David D. Kupp, *Matthew's Emmanuel: Divine Presence and God's People in the First Gospel*, Society for New Testament Studies Monograph Series 90 (Cambridge: Cambridge University Press, 1996). (이 책은 마태복음 연구 외에도 구약성경에 관한 개관도 포함하고 있다.)

성막과 성전에 관하여

Gregory K. Beale, *The Temple and the Church's Mission: A Biblical Theology of the Dwelling Place of God*, New Studies in Biblical Theology (Leicester: Apollos, 2005).

Philip P. Jenson, *Graded Holiness: A Key to the Priestly Conception of the World*, Journal for the Study of the Old Testament Supplement Series 106 (Sheffield: Sheffield Academic, 1992).

마태복음의 임마누엘에 관하여

Richard B. Hays, *Echoes of Scripture in the Gospels* (Waco: Baylor University Press, 2016), 139-74. 『복음서에 나타난 구약의 반향』(감은사 역간).

요한복음 1:51에 관하여

Richard Bauckham, *Gospel of Glory: Major Themes in Johannine Theology* (Grand Rapids: Baker Academic, 2015), 166-80. 『요한복음 새롭게 보기』(새물결플러스 역간).

요한복음에 나타난 성전 이미지에 관하여

Mary L. Coloe, *God Dwells with Us: Temple Symbolism in the Fourth Gospel* (Collegeville, MN: Liturgical Press, 2001).

Paul M. Hoskins, *Jesus as the Fulfillment of the Temple in the Gospel of John*, Paternoster Biblical Monographs (Milton Keynes, UK: Paternoster, 2006).

요한계시록 21장에 관하여

Richard Bauckham, *The Theology of the Book of Revelation* (Cambridge: Cambridge University Press, 1993), 136-43. 『요한계시록 신학』(한들 역간).

2장

하나님의 이름의 계시

하나님의 이름 표기하기

일부 독자들에게는 이번 장의 주제에 대한 서론으로 하나님의 히브리어 이름을 글로 표현하는 방식에 대해 설명이 필요할지도 모른다. 하나님의 이름은 네 개의 히브리어 문자 YHWH(요드, 헤, 바브, 헤)로 구성되어 있다. 이 이름은 때때로 "네 문자"를 의미하는 테트라그람마톤(신명사문자)으로 알려져 있다. 이번 장 후반에서 살펴보겠지만 유대인들은 유대 역사에서 바빌로니아 포로 생활과 예수 시대의 중간 어느 시점에 하나님의 이름을 발음하는 것을 중단하고, 성경을 읽을 때 그 이름이 등장하면 이를 다른 것으로 대체했다. 비록 그 이름이 어떻게 발음되었는지에 대한(서로 완전히 일치하지 않는) 증거가 일부 남아 있지만, 우리는 고대 이스라엘에서 이 이름이 어떻게 발음되었는지 확신할 수 없다. 고대에는 히브리어의 모음이 표기되지 않았다. 훨씬 후대에 이르러서야 히브리어 성경 사본에 모음을 나타내는 표시가 추가되었지만, 하나님의 이름의 경우에는 한때 그 이름에 속한 모음이 아니라 성경을 읽을 때 일반적으로 그 이름 대신 붙여진 히브리어 단어 "아도나이"(ʾăḏōnāy)의 모음이 붙여졌다. 따라서 히브리어 성경의 하나님의 이름은 발음할 수 없다.

구약성경 영역본 대다수는 하나님의 이름을 대신하는 유

대교 관행을 존중하고 이를 그대로 사용한다. 영역본에서 하나님의 이름은 영어로 "the LORD"(주)로 표기된다. 네 개의 대문자(LORD)는 이 단어가 신명사문자(神名四文字)를 대신하는 것임을 나타내는데, 이것은 하나님을 "the Lord"(주)로 부르는 경우에 해당하지 않는다. (때로는 히브리어 성경에서 하나님은 "the Lord YHWH"[주 야웨]로 불린다. 이런 경우 영역본들은 "the Lord GOD"[주 하나님]으로 옮긴다.)

예수와 초기 그리스도인들은 하나님의 이름을 언급하지 않고 대체어를 사용하는 유대인의 관행을 따랐다(그리스어로 이것은 대체로 "주"를 의미하는 "퀴리오스"였다. 이 내용은 아래에서 자세히 설명할 것이다). 내 견해로는 그리스도인들도 이 방법을 따르는 것이 좋다. 따라서 나는 때때로 모음 없이 네 개의 히브리어 문자 YHWH로 하나님의 이름을 나타내지만, 이번 장에서는 일반 영역본의 관행을 따라 하나님의 이름을 "주"(the LORD)로 표현한다.

불타는 떨기나무

하나님 이름의 계시는 모세와 불타는 떨기나무에 관한 이야기에서 서술된다(출 3장). 성경 이야기의 이 시점에서 모세는 이집트를 떠나야 했고 그의 장인을 위해 일하는 목자가 되었다.

> 모세가 그의 장인 미디안 제사장 이드로의 양 떼를 치더니 그 떼를
> 광야 서쪽으로 인도하여 하나님의 산 호렙에 이르매, 여호와의 사
> 자가 떨기나무 가운데로부터 나오는 불꽃 안에서 그에게 나타나
> 시니라. 그가 보니 떨기나무에 불이 붙었으나 그 떨기나무가 사라
> 지지 아니하는지라. 이에 모세가 이르되 "내가 돌이켜 가서 이 큰
> 광경을 보리라. 떨기나무가 어찌하여 타지 아니하는고" 하니 그때
> 에 여호와께서 그가 보려고 돌이켜 오는 것을 보신지라. 하나님이
> 떨기나무 가운데서 그를 불러 이르시되 "모세야! 모세야!" 하시매
> 그가 이르되 "내가 여기 있나이다." 하나님이 이르시되 "이리로 가
> 까이 오지 말라. 네가 선 곳은 거룩한 땅이니 네 발에서 신을 벗으
> 라." 또 이르시되 "나는 네 조상의 하나님이니 아브라함의 하나님,
> 이삭의 하나님, 야곱의 하나님이니라." 모세가 하나님 뵈옵기를
> 두려워하여 얼굴을 가리매(출 3:1-6).

히브리어 성경에서 소개하는 다른 많은 하나님과의 만남과 비교
하면 이 만남은 몇 가지 놀라운 특징을 갖고 있다. 모세에게 "주
의 천사"가 나타난 것은 예사로운 일이 아니다. 성경의 초기 책
들에서 주의 천사가 나타날 때 이 천사는 종종 다른 대다수 천사

그림 2. 모세와 불타는 떨기나무. 에티오피아 타나 호수 근처에 있는 어떤 수도원.

와 마찬가지로 하나님의 전령이며 사실상 지상에 계신 하나님의 임재를 나타낸다.[1] 천사의 존재는 하나님의 임재이며, 천사가 하는 말은 하나님의 계시의 말씀이다. 하지만 이 경우에 주목할 만한 점은 천사가 나타나는 방식이다. 즉 그는 떨기 속의 불꽃으로 나타난다. 여기서 떨기는 불에 활활 타오르고 있고, 불이 붙은 것처럼 보이긴 하지만, 불이 그것을 태워버리진 않는다. 성경 그 어디에도 이와 같은 장면은 없다. 이것은 매우 이례적인 신의 현현이다.

또 한 가지 특이한 점은 모세가 선 곳이 거룩하기 때문에 그에게 신을 벗을 것을 요구한다는 것이다. 의심할 여지 없이 이것은 신의 거룩한 존재가 그 땅을 거룩하게 만든다는 것을 의미한다. 이것이 특별히 더 놀라운 이유는 만약 누군가가 성경을 처음부터 읽어내려갔다면 그는 여기서 "거룩한"이라는 단어를 처음으로 접했을 것이기 때문이다. "거룩한"과 "거룩함"이라는 단어는 창세기에 등장하지 않는다.[2] 그러나 출애굽기 3:5 이후로는 이 단어들이 나머지 모세 오경에서 자주 등장한다. 어쩌면 이것은 하나님과 하나님이 거룩하게 구별하신 이스라엘 백성 간의

---

1   예. 창 16:7-14; 22:9-19; 삿 6:11-24; 13:2-23.
2   관련 동사 "거룩하게 하다", "성결하게 하다"는 창 2:3에 등장한다.

특별한 관계가 여기서부터 시작된다는 점을 암시하는 것일 수도 있다.

이 점은 모세가 하나님의 임재의 거룩하심을 인정하게 만드는 방식으로 강화된다. 성경에 나오는 또 다른 독특한 사례는 "그 땅이 거룩하니 그 신발을 벗으라"고 할 때다(천군 사령관이 여호수아에게 나타났을 때, 수 5:15). 이스라엘 백성은 아마도 성막이나 성전에 들어갈 때 맨발로 들어갔을 것이다. 하지만 구약성경에는 그것에 대한 언급이 전혀 없다. 이것은 고대 근동 지방의 흔한 관습이었고(오늘날에도 무슬림들은 모스크에 들어갈 때 신을 벗는다), 성전에 관한 성경 기사에서도 당연하게 여겨졌을 것이다. 그러나 히브리어 성경은 결코 이에 대해 전혀 관심을 두지 않고, 그 어떤 계명도 이를 요구하지 않는다. 따라서 출애굽기 3장에서 주의 천사가 모세에게 그 땅이 거룩하니 그의 신을 벗으라고 한 것은 매우 놀라운 일이 아닐 수 없다. 말하자면 그의 백성과 함께하시는 하나님의 거룩한 임재의 이야기가 비로소 여기서부터 시작되는 것이다.

마지막으로 이 본문에 담긴 주목할 만한 또 다른 특징은 하나님이 모세에게 자신을 "네 조상의 하나님, 아브라함의 하나님, 이삭의 하나님, 야곱의 하나님"으로 소개하신다는 점이다. 비록 그 하나님은 족장들에게 이처럼 타는 불 속에서 나타나시진 않았지만, 그분이 아브라함을 부르시고 아직 성취되지 않은 약속을 이스라엘 민족의 조상들에게 주신 바로 그 하나님이라는 점에는 의심의 여지가 없다.

이어지는 구절에서 하나님은 모세에게 그가 이집트에서 이스라엘 백성의 비참한 처지를 보고 계셨고 도움을 요청하는 그들의 기도를 들으셨다고 말씀하신다. 이스라엘 백성과 모세는 그들 조상의 하나님이 그들을 잊으셨고, 심지어 그들을 버리셨다고 생각했을지도 모른다. 하지만 하나님은 모세에게 그것이 사실이 아님을 확인해주신다. 하나님은 자기 백성을 이집트로부터 구출해내시고 가나안 땅을 그들에게 주시려고 하신다. 모세는 하나님의 대리인이 되어야 한다. 이에 대해 모세는 반항한다.

> 모세가 하나님께 아뢰되 "내가 누구이기에 바로에게 가며 이스라엘 자손을 애굽에서 인도하여 내리이까?" 하나님이 이르시되 "내가 반드시 너와 함께 있으리라. 네가 그 백성을 애굽에서 인도하여 낸 후에 너희가 이 산에서 하나님을 섬기리니 이것이 내가 너를 보낸 증거니라"(출 3:11-12).

하지만 모세는 이 같은 확언으로 만족해하지 않는다.

모세가 하나님께 아뢰되 "내가 이스라엘 자손에게 가서 이르기를 '너희의 조상의 하나님이 나를 너희에게 보내셨다' 하면 그들이 내게 묻기를 '그의 이름이 무엇이냐?' 하리니 내가 무엇이라고 그들에게 말하리이까?"(3:13)

이스라엘 백성은 왜 조상의 하나님의 이름을 알아야 할까? 그가 그들의 조상 아브라함, 이삭, 야곱의 하나님이라는 것을 아는 것만으로는 왜 충분하지 않을까? 가장 확실한 이유는 그들이 바로 신들도 이름이 있는 세상에 살고 있기 때문이다. 이집트에는 라, 오시리스, 이시스, 호루스, 세트 등 이집트 신들을 섬기는 사람들이 살고 있었다. 신들의 은총을 입기 위해 사람들은 신마다 각각 다른 이름을 붙여주어 서로를 구별해야 했다. 신들은 자기 이름을 부르지 않으면 아무런 소용이 없었다. 어떤 신의 이름을 안다는 것은 어쩌면 그 신을 반응하게 만드는 어떤 힘을 갖는 것을 의미했는지도 모른다. 따라서 모세를 보낸 하나님이 이스라엘 백성을 정말로 도우려 하신다면 그들에게는 그 하나님을 부를 수 있는 이름이 필요했다.

그래서 모세는 이스라엘 백성들에게 전할 수 있는 이름이 있는지 묻는다. 이 질문에 대한 하나님의 답변이 본 장에서 우리가 관심을 두고 있는 주제의 핵심이다. 사실 하나님은 모세에게 세 차례 또는 세 단계에 걸쳐 답변하신다.

> [14] 하나님이 모세에게 이르시되 **"나는 내 자신이 될 것이다**[I will be who I will be]."
>
> 또 이르시되 "너는 이스라엘 자손에게 이같이 이르기를 '나 자신이 될 자[I-WILL-BE]가 나를 너희에게 보내셨다' 하라."
>
> [15] 하나님이 또 모세에게 이르시되 "너는 이스라엘 자손에게 이같이 이르기를 '너희 조상의 하나님 여호와 곧 아브라함의 하나님, 이삭의 하나님, 야곱의 하나님께서 나를 너희에게 보내셨다' 하라. 이는 나의 영원한 이름이요 대대로 기억할 나의 칭호니라."
>
> [16] 너는 가서 이스라엘의 장로들을 모으고 그들에게 이르기를 "여호와 너희 조상의 하나님 곧 아브라함과 이삭과 야곱의 하나님이 내게 나타나 이르시되 '내가 너희를 돌보아 너희가 애굽에서 당한 일을 확실히 보았노라'"(출 3:14-16).

저자는 하나님의 답변을 신중하게 구성한 세 단계로 제시한다. "하나님은 말씀하셨다"(개역개정은 "이르시되"), "그는 또 말씀하셨다"(개역개정은 "또 이르시되"), "하나님은 또한 말씀하셨다"(개역개정은 "하나님이 또…이르시되"). 하나님의 말씀을 소개하는 세 개의 독특한 도입문은 이 기사에 일종의 엄숙함을 더해주면서도 하나님의 답변을 세 단계로 구별한다. 이 세 단계는 각각 모두 신중하게 받아들여져야 한다. 그래야만 우리는 하나님이 오직 세 번째 단계에서만 모세가 요구한 것(이름)을 그에게 실제로 일러 주신다는 사실을 온전히 깨닫게 된다.

모세에게 주신 하나님의 첫 번째 답변에는 이름이 언급되지 않는다. 오히려 하나님의 답변은 자신의 이름을 밝히는 것을 거부하는 것처럼 보인다. 하나님의 답변은 세 개의 히브리어 단어로 구성되어 있다. "에흐예, 아쉐르, 에흐예(*'ehyeh, 'ăšer, 'ehyeh*).

이 단어들이 정확히 무엇을 의미하는지는 많은 논쟁의 대상이 되었는데, 그 이유는 부분적으로 히브리어 동사가 현재의 의미를 지니거나 미래의 의미를 지닐 수 있기 때문이다. 이 표현은 "나는 나 자신이다"(I am who I am) 또는 "나는 내 자신이 될 것이다"(I will be who I will be)로 번역될 수 있다.[3] 대다수 영어 성경은 "나는 내 자신이다"로 번역하는데, 이것이 아마도 과거에 가장 흔하게 이해하던 방식이었을 것이다. 그러나 오늘날 대다수 학자들은 미래의 의미를 지닌 "나는 내 자신이 될 것이다"를 더 선호할 것이다. 이에 대한 한 가지 이유는 문맥이 하나님이 무엇을

---

3   또 다른 가능한 번역은 "나는 스스로 있는 자"(I am the one who is)이다. 이것이 바로 구약성경의 그리스어 역본(LXX)의 번역이다. 따라서 이 해석은 기독교 신학 전통에서 매우 큰 영향력을 행사해왔다.

하실지에 관한 것이기 때문이다. 즉 하나님은 모세를 보내셔서 그의 백성을 구원하실 것이다. 사실 하나님은 이미 모세의 첫 번째 질문에 답변하시면서 이 단어를 미래의 의미로 사용하셨다. "내가 너와 함께 있으리라"(출 3:12).

미래의 의미를 더 선호하는 두 번째 이유는 여기서 사용된 특정 구문과 유사한 부분이 미래를 나타내는 관용어임을 암시하고 있기 때문이다. 예를 들어 출애굽기 16:23에서 하나님은 이스라엘 백성에게 그들이 만나를 가지고 무엇을 해야 하는지를 말씀하신다. 문자적으로 하나님의 말씀은 다음과 같다. "너희가 구울 것을 굽고 너희가 끓일 것을 끓여라." 그 의미는 다음과 같다. "너희가 굽고 싶은 만큼 굽고 끓이고 싶은 만큼 끓여라"(저자의 번역). 또 다른 예는 에스겔 12:25인데, 거기서 하나님은 다음과 같이 말씀하신다. "나 여호와는 내가 말할 그 말을 말할 것이며, 그 말은 이루어지리라"(NRSV 수정). 그 의미는 대략 이러하다. "나는 내가 하고 싶은 말을 할 것이다" 또는 "나는 내가 하기로 결심한 것을 말할 것이다." 이 관용어는 자유로운 선택을 하는 것에 관한 것이다. 따라서 하나님이 모세에게 하시는 말씀은 "나는 내가 원하는 사람이 되겠다"이거나 "나는 내가 원하는 자가 될 자유가 있다"는 것과 같다.

좀 더 전문용어로 말하자면 하나님은 전적으로 자결권(自

決權, self-determining)을 가지신 분이라고 말할 수 있다. 하나님은 자신 외에 그 어떤 것에 의해서도 강요당할 수 없다. 그는 자신이 누구이며 어떤 분이 될 것인지를 다른 어떤 것을 통해 말하는 것이 아니라 오직 자신만을 통해 말할 수 있다. 하나님은 자신이 되기를 원하는 분이시다. 내가 이 해석을 확신하는 또 다른 이유는 그것이 불타는 떨기나무의 상징과 일치하기 때문이다. 이 불은 타오르기는 해도 떨기나무를 태우지는 않는다. 다른 불은 연료를 태워야 한다. 그 불 안에 연소시킬 무언가가 있어야만 계속 타오를 수 있다. 그리고 그 불은 마침내 꺼진다. 하지만 떨기나무 속의 불은 스스로 유지된다. 원료가 필요 없다. 그 불은 마음 껏 원하는 대로 타오른다. 이와 마찬가지로 하나님은 자립적이며 자결권을 갖고 계신다. 하나님은 자신이 선택한 인물이 될 것이다.

이는 마치 하나님이 모세에게 처음 대답하실 때 자기의 이름을 밝히기를 거부하신 것과 흡사하다. 이름은 자신을 얽어맬 것이다. 또 그의 이름을 안다면 누구나 그를 마음대로 부릴 것이다. 이름은 규정하고 제한하며 구속한다. 이스라엘 백성이 하나님의 이름을 알고자 하는 이유가 요술 램프 속의 지니처럼 도움을 청하기 위해 부르려는 것이었다면 하나님은 자기의 이름을 밝히지 않았을 것이다. 그러나 우리는 하나님이 이미 이 이야기에서 모세에게 자신이 어떤 분인지를 말씀하셨다는 점을 인식해야 한다. "내가 반드시 너와 함께 있으리라"(출 3:12). 따라서 하나님은 자결권을 행사하며 자신에게 다짐하실 수 있다. 하나님은 자신이 지킬 약속을 하신다. 여기서 요점은 하나님이 **스스로** 다짐하고 약속하신다는 것이다.

이것은 하나님이 모세에게 주신 답변의 두 번째 단계로 넘어가시는 방식을 설명해준다. "너는 이스라엘 자손에게 이같이 이르기를 '나 자신이 될 자가 나를 너희에게 보내셨다' 하라"(출 3:14b). 여기서 하나님은 "나 자신이 될 자"(I-Will-Be)라는 자기 선언을 약어로 표현하신다. 그는 세 단어('ehyeh 'ăšer 'ehyeh)를 한 단어('ehyeh)로 축약하신다. 그리고 그는 이 한 단어 − 완전히 문법에 맞지 않는 − 를 마치 이름처럼 사용하신다. 모세는 "나 자신이 될 자가 나를 너희에게 보내셨다"라고 말했어야 한다. 이는 심지어 이스라엘이 도움을 요청하더라도 그것에 속박될 수 없는 분이 이스라엘을 위해서라면 무조건 행동하겠다고 스스로 다짐하는 것을 의미한다. 스스로 자신에게 다짐하는 분이 자원하여 백성을 구원하기 위해 모세를 보내는 이스라엘의 구세주가 되기로 결정한다. 하나님은 여기서처럼 자신이 원하는 사람이 되겠다고 선포하는 자유 선언문을 통해 마치 그것이 서약 선언문의 이름인 것처럼 자신이 은혜와 사랑으로 이스라엘의 하나님이 되어 이스라엘의 선한 일에 헌신하는 하나님이 되겠다고 선포하신다. 이것은 이스라엘에 대한 하나님의 애정 어린 헌신을 나타내는 이름이지만, 그 이름은 결코 그분을 구속하거나 통제하는 데 사용될 수 없다.

이제 하나님은 모세에게 주신 답변의 세 번째 단계에서 자신의 실제 이름을 밝히신다. "너는 이스라엘 자손에게 이같이 이르기를 '너희 조상의 하나님 여호와[YHWH] 곧 아브라함의 하나님, 이삭의 하나님, 야곱의 하나님께서 나를 너희에게 보내셨다' 하라"(출 3:15a). YHWH(야웨)라는 이름은 "에흐예"('ehyeh) 동사처럼 생겼고, 모음이 없어도 우리는 그것이 "에흐예"처럼 들릴 것이라는 점을 알 수 있다. 네 개의 문자(YHWH, 요드, 헤, 바브, 헤) 중 세 개(HYH, 헤, 요드, 헤)가 "에흐예" 단어 안에 들어 있기 때문에 이 단어는 "~가 되다"(hāyāh)라는 또 다른 형태의 동사로 보일 수밖에 없다. 일부 학자들은 비록 이 형태가 실제로 현존하는 히브리어에 등장하지는 않지만, 그것이 "그는 ~이다" 또는 "그는 ~가 될 것이다"를 의미한다고 주장한다. 하지만 이것은 추측에 불과하다. 우리는 실제로 하나님의 이름이 설령 일반적으로 어떤 의미가 있다 하더라도 무슨 뜻인지 잘 모른다. 이보다 훨씬 더 분명한 것은 "에흐예"('ehyeh)와 YHWH 사이에 언어유희가 존재한다는 점이다. 이것은 성경에서 개인의 이름을 설명하는 상황에서 흔히 볼 수 있다. 어떤 아이의 이름을 짓고 그 이름을 설명할 때 그 설명은 그 이름의 진정한 어원이 아니라 언어유희일 때가 많다. 그 이름은 주로 그 이름과 비슷하게 소리 나는 단어로 설명된다.[4] 하나님과 모세의 대화에서도 중요한 것은 하나님의 이름의 어원이 아니라 하나님이 먼저 "나 자신이 될 자"를 마치 자신의 이름처럼 사용하고, 그다음에 그의 개인적인 이름을 언어유희를 통해 그 용법과 연관 짓는다는 점이다.

따라서 하나님이 모세에게 실제 이름을 알려주기 전에 두 단계에 걸쳐 주신 답변은 하나님의 이름을 알리는 것이 무엇을 의미하는지를 분명하게 밝혀준다. 이는 하나님의 자결권(self-determination)을 부정하지 않는다. 이는 그분을 이스라엘의 하나님, 이스라엘을 위해 봉사하는 신, 부족의 반신(demi-god)으로 전락시키지 않는다. 그러나 이것은 하나님이 은혜로, 그리고 사랑의 자유로써 이스라엘을 위해 자신을 헌신하고, 이스라엘의 하나님이 되기로 작정하신 것을 의미한다. 그리고 하나님은 돌이킬 수 없을 정도로 그렇게 하신 것 같다. "이는 나의 영원한 이름이요 대대로 기억할 나의 칭호니라"(출 3:15b). 자신의 이름을 밝

---

4 예. 창 4:1; 25:26; 29:32, 33, 34, 35; 30:8, 18, 20. 특히 창세기에서는 더더욱 그러하다. 이는 아마도 그 옛날 이름의 어원이 후대에까지 알려지지 않았기 때문일 것이다.

힌다는 것은 이스라엘 백성이 그를 이름으로 부를 수 있다는 것을 의미한다. 즉 그들은 그를 통제하는 것이 아니라 그를 부를 수 있다. 그들은 그의 사랑과 충성심에 호소할 수 있다. 그 이름은 그분이 그들의 하나님이 되고, 그들은 그의 백성이 되는 관계를 형성한다. 따라서 비록 그 이름은 하나님 자신이 이집트 땅에서 그들을 인도해낸 하나님으로 알려진 바로 그 역사의 시점에서 구체적으로 주어지지만, 그 이름은 또한 이스라엘이 바로 그 이스라엘의 하나님과의 관계 속에서 결과적으로 이루어지는 모든 역사를 예고한다.

히브리어 성경 나머지 부분에서 하나님의 이름은 6,800번 이상 등장한다. 이것이 구약 신학의 중심이라고 해도 과언이 아니다. 이 하나님 이름의 중요한 의미는 이 단어에 담긴 어떤 의미에 있다기보다는 그 이름이 하나님의 정체성을 대변한다는 사실에 있다. 이것이 바로 한 개인의 이름이 하는 역할이다. 이름은 누구인지를 식별하고 우리가 그 사람에 대해 알고 있는 모든 것을 가리킨다. 이름은 우리가 아는 한도 내에서 어떤 사람의 정체성을 요약해준다. 하나님의 경우에는 유한한 피조물이 하나님의 존재에 대한 것을 모두 다 알 수 없다. 하나님은 우리가 요약할 수도 없고, 확정할 수도 없는 무한한 신비로 남아 있다. 하지만 사람들이 그분을 알고 그와 연관 지을 수 있도록 이 세상에서 하나님이 자신에게 부여한 특별한 정체성을 우리는 알 수 있다. 하나님의 이름은 그분의 정체성을 말해준다. 이 하나님 이름의 계시는 자신이 이스라엘의 하나님으로 알려지고 이스라엘의 하나님이 되기로 작정하신 그 하나님이 베푸시는 최상의 은혜 행위다.

모든 백성을 위한 하나님의 이름?

이것은 의문을 제기한다. 모세에게 알려진 하나님의 이름은 과연 오직 이스라엘만을 위한 이름인가? 그리스도인들은 종종 그렇게 생각해왔다. 그러나 우리는 하나님이 **오직 이스라엘만을 위해** 이스라엘의 하나님이 되기로 작정하지 않았음을 기억해야 한다. 그는 모든 민족의 하나님이 되기 위해 이스라엘의 하나님이 되셨다. 특히 우리는 예언서에서 하나님이 장차 그의 백성을 위한 거대한 구원 행위를 통해 자신이 참된 하나님이심을 입증하고, 이로써 그의 백성 이스라엘이 그분이 진정으로 주님이심을 알게 되고, 모든 민족이 이스라엘의 하나님을 유일무이한 하나님으로 인정하고 예배하게 되리라는 기대가 점점 커지고 있었음을 발견한다. 마지막 예언자 가운데 한 명은 이 사실을 다음과 같이 말한다. "여호와께서 천하의 왕이 되시리니, 그날에는 여호와께서 홀로 한 분이실 것이요, 그의 이름이 홀로 하나이실 것이라"(슥 14:9). 그는 또 계속해서 모든 민족이 예루살렘 성전으로 올라가 거기서 주님을 예배하는 모습을 묘사한다(14:16-19).

"여호와께서 홀로 한 분이실 것이요, 그의 이름이 홀로 하나이실 것이라"는 아주 매력적인 이 예언은 이스라엘의 신앙고백인 쉐마를 암시한다. "우리 하나님 여호와는 오직 유일한 여호와이시니"(신 6:4).[5] 이스라엘은 자신들의 하나님이 유일무이한 참된 하나님이며, 이 세상을 창조하신 창조주이시며, 모든 민족을 다스리기에 합당한 통치자임을 믿게 되었다. "여호와께서 홀로 한 분이실 것이요"라는 예언자의 말은 모든 민족이 이스라엘의 하나님을 온 땅에서 유일한 하나님으로 인정하게 될 것이라는 사실을 의미한다. 그가 주의 **이름**이 홀로 남을 것이라고 말한 것도 매우 주목할 만하다. 모든 민족은 이제 더 이상 자기 신들의 매우 다양한 이름을 사용하지 않을 것이다. 그들은 이제 이스라엘의 하나님과 모든 민족의 하나님이라고 밝히시는 그의 개인적인 이름으로 그 하나님을 알게 될 것이다.

---

5   이 번역은 NRSV의 각주를 보라. 확실히 사람들은 제2성전 말기(예수의 시대)에 쉐마를 이렇게 이해했다.

그리스도인들은 이런 약속들이 이미 성취되었고, 예수 그리스도를 통해 성취되고 있다고 믿는다. 따라서 우리는 신약성경이 당연히 하나님의 개인적인 이름을 언급할 것을 기대해야 한다. 신약성경 저자들은 예수의 하나님, 기독교 신앙의 하나님, 유대인과 이방인 신자들의 하나님이 바로 이스라엘의 하나님, 곧 자신의 이름을 이스라엘에 계시하신 하나님임을 분명히 천명한다. 그리스도인들의 하나님은 새로 생긴 신생 신이 아니라 모세에게 말씀하신 바로 그 하나님이다. 그렇다면 히브리어 성경에 나타난 하나님의 이름은 신약성경에서 어떻게 될까?

이름을 발음하지 않기

이 질문에 답하기 전에 우리는 하나님의 이름을 발음하지 않는 유대인들의 관행에 좀 더 주의를 기울일 필요가 있다. 왜냐하면 예수와 그의 사도들 그리고 모든 신약성경 저자들이 이 관행을 따랐기 때문이다. 예수 시대에 이르러 대다수 유대인들은 일 년에 한 번 속죄일에 대제사장이 성전에서 백성을 위해 축복을 선

포할 때 말고는 하나님의 이름을 발음해서는 안 된다고 믿었다.[6]

우리는 일반적으로 하나님의 이름을 말하면 안 된다는 생각이 언제부터, 그리고 왜 유대인들의 생각을 지배하게 되었는지 확실히 알지 못한다. 히브리어 성경에는 하나님의 이름을 말하는 것을 회피하는 관행이 이미 어느 정도 성경 저작에 영향을 미쳤다는 암시가 들어 있다.[7] 가장 설득력 있는 설명은 십계명 가운데 세 번째 계명이 강한 영향을 미쳤다는 것이다. "너는 네 하나님 여호와의 이름을 망령되게 부르지 말라. 여호와는 그의 이름을 망령되게 부르는 자를 죄 없다 하지 아니하리라"(출 20:7; 신 5:11). 이 계명은 하나님의 이름을 부주의하게 또는 부정직하게 사용하는 맹세 행위를 금지할 뿐만 아니라 (고대 세계에서 모든 종류의 신의 이름은 마법적인 능력이 있는 것으로 취급했기 때문에) 마술이나 하나님에 대한 경외심 없이 속되게 하나님의 이름을 사용하는 것도 반대한 것으로 볼 수 있다. 하나님의 이름을 비밀리에 간직하는 일은 이처럼 이름을 남용하는 것을 막을 수 있었다. 그리고 이름을 언급하지 않는 것이 일반화되자 이것은 하나님께 경

---

6 대제사장도 성전에서 제사장의 복을 선언할 때 이 신의 이름을 언급했을 것이다.

7 예컨대 소위 엘로힘 시편(시 42-83편). 여기서 YHWH라는 이름은 가끔 사용되고, 하나님은 주로 엘로힘(ʾĕlōhîm)으로 불린다.

외심을 표하는 방법의 하나가 되었다. 그의 이름은 거룩하고, 오직 성소의 거룩한 영역 안에 거하는 대제사장만이 성스러운 이름을 말할 수 있을 만큼 거룩했다.

그러나 우리는 예수 시대의 유대인들이 일반적으로 하나님의 이름을 발음하지 않았지만, 그 이름을 자주 언급했다는 점을 주의 깊게 관찰할 필요가 있다. 하나님의 이름이 계속 등장하는 성경 본문을 읽을 때 그들은 그 이름을 대신하는 대체어를 사용했다. 주로 이것은 히브리어로 "아도나이"(*'ădōnāy*), 그리스어로는 "퀴리오스"(*kyrios*)였던 것 같다. 두 단어 모두 "주"(Lord)를 의미하지만, 하나님의 이름에 대한 번역은 아니었다. 이 이름은 결코 "주"를 의미할 수 없었다. 오히려 이 단어들은 독자들과 청자들에게 본문에서 신명사문자가 등장하는 것을 알리는 역할을 했다. 이 대체어는 성경을 읽을 때만 사용된 것이 아니라 유대교 문학을 작성하는 작가들도 사용했다. 더 나아가 유대인들은 기도할 때 하나님을 가장 일반적으로 "주"라고 불렀는데, 이는 단순히 하나님의 주권을 암시할 뿐만 아니라 하나님의 이름을 경외심을 갖고 부르는 방식이었다. 하나님의 이름은 이스라엘이 하나님을 그의 이름으로 부를 수 있도록 하기 위해 주어졌다. 후대에도 유대인들은 계속해서 대체어를 사용하여 "주의 이름을 불렀다." 우리는 절대로 그 이름이 잊혔거나 무시되었다고 생각해서는 안 된다.

　유대교 관습의 독특한 특징은 일반적으로 하나님의 이름이 발음되지 않았지만, 매우 자주 언급되었다는 점이다. 하나님의 이름은 이처럼 그 이름을 언급하긴 하지만, 발음하지 않는 이러한 관습을 통해 다른 모든 이름 가운데 독특한 이름으로 구별되었다. 비록 당대의 이방 종교에서는 많은 신들뿐 아니라 많은 신들의 이름도 상호교환적으로 취급되었지만, 유대인들은 하나님의 이름을 발음하지 않음으로써 그 이름의 독특성을 유지했다. 하나님의 이름은 이교도 신들의 이름과 다를 뿐만 아니라 상호교환적으로 사용하지도 않고 타의 추종을 불허할 정도로 비교의 대상이 될 수도 없었다(후대 랍비들은 일부 유대인들이 지금도 여전히 그렇게 하는 것처럼 "그 이름"을 의미하는 *ha-Shem*이라는 단어를 신명사문자의 대체어로 사용했다).

　일반적으로 신약성경에 속한 책들은 이러한 유대 관습을 따른다. 보통 구약성경을 인용한 글에서 "퀴리오스"라는 단어가 등장할 때 이 단어는 하나님의 이름을 가리킨다. 우리가 곧 살펴보겠지만, 신약성경은 하나님의 이름을 명시적으로 언급하기도 한다.

예수와 하나님의 이름

대다수 그리스도인들에게 아주 잘 알려진 예수의 가르침 중에는 하나님의 이름이 언급되는 것이 하나 있다. "이름이 거룩히 여김을 받으시오며"라는 어구는 누가복음의 짧은 말씀(눅 11:2)과 이보다 더 잘 알려진 마태복음의 긴 말씀(마 6:9)에 등장하는 주의 기도 가운데 첫 번째 청원에 해당한다. hallowed라는 단어는 고대 영어인데, 대다수 현대 영어 신약성경에서 이 단어를 그대로 유지한다는 것은 다소 놀라운 일이다. 이 성경들은 이처럼 영어를 사용하는 그리스도인들에게 익숙한 용법에 대해서는 어휘적으로 다소 보수적인 경향이 있다. 하지만 hallowed라는 단어가 가끔 현대 영어에서 사용될 때 이 단어의 의미에 의존하는 사람은 아마도 그 의미를 오해할 것이다. 주의 기도에서 이 단어는 "거룩한 것으로 취급하다" 또는 "거룩하게 하다"라는 의미를 지닌 hallow 동사의 수동태다. 이 기도는 "당신의 이름이 거룩하게 되기를 원합니다"라는 의미가 있다.

이 기도문을 정기적으로 사용하는 많은 그리스도인들은 예수가 여기서 언급한 "이름"이 과거에 모세에게 계시된 히브리어로 된 하나님의 이름이리라는 생각이 떠오르지 않을 것이다. 그들은 이것을 단순히 하나님을 은유적으로 지칭하는 것으로 받아들일 수도 있다. 그렇다면 이 기도의 의미는 다음과 같다. "하나님이 경배받고 존경받기를 원합니다." 비록 성경에서 하나님의 "이름"은 하나님의 명성을 가리키거나 사실상 하나님 자신을 지칭할 수 있지만, 아마도 예수 시대에 주의 기도를 듣는 유대인들 가운데는 이 이름이 가리키는 대상이 없다고 생각한 사람은 아무도 없었을 것이다. 시편에서 "주의 이름을 찬양하라"[8]는 "하나님을 찬양하라"라는 뜻이지만, 그것은 개인적인 이름으로 자신을 알리신 바로 그 하나님을 가리킨다. 하나님의 이름은 하나님의 정체성을 드러낸다. 따라서 주의 기도에서 하나님의 이름이 거룩히 여김을 받는다는 것은 신명사문자를 자신의 이름으로 주신 거룩하신 하나님을 경건한 마음으로 인정하는 것을 의미한다.

다음의 예언서 본문과도 비교해보라.

그러므로 너는 이스라엘 족속에게 이르기를 "주 여호와께서 이같이 말씀하시기를 '이스라엘 족속아, 내가 이렇게 행함은 너희를 위함이 아니요, 너희가 들어간 그 여러 나라에서 더럽힌 나의 거룩한 이름을 위함이라. 여러 나라 가운데서 더럽혀진 이름 곧 너희가

---

8   예. 시 69:30; 99:3; 113:3.

그들 가운데서 더럽힌 나의 큰 이름을 내가 거룩하게 할지라. 내가 그들의 눈앞에서 너희로 말미암아 나의 거룩함을 나타내리니 내가 여호와인 줄을 여러 나라 사람이 알리라.' 주 여호와의 말씀이니라"(겔 36:22-23).

"나의 큰 이름을 내가 거룩하게 할지라." 이것이 바로 예수의 기도가 하나님께 간구하는 내용이다. "[당신의] 이름이 거룩히 여김을 받으시오며"는 사람들이 하나님의 이름을 거룩하게 할 것이라는 단순한 바람이 아니다. 이것은 하나님께 그의 이름을 거룩하게 할 것을 간구하는 기도이며, 사람들이 그를 인정하고 경배하게 되기를 바라는 기도다. 이 기도는 예언자들이 기대했던 대로 하나님이 자신을 드러내실 위대한 구원 행위를 갈망하는 것이다.

예수의 기도에서 첫 번째 청원인 "당신의 이름이 거룩히 여김을 받으시오며"는 "당신의 나라가 임하옵시며"와 병행을 이루고, 마태복음에서는 "당신의 뜻이 이루어지이다"와 병행을 이룬다. 마태복음 버전은 이 세 가지 청원을 모두 수식하는 "하늘에서처럼 땅에서도"(저자의 번역)를 덧붙인다. 하늘에서는 하나님의 이름이 인정을 받고, 그의 통치가 이루어지며, 그의 뜻이 이루어진다. 우리는 하나님께서 이 땅에서도 이것이 — 이 세상과 하나님의 올바른 관계의 세 가지 측면 ─ 똑같이 이루어지게 하시기를 기도한다.

이 기도는 또한 다음과 같은 유대인들의 전통적인 기도와 비교할 만한 가치가 있다.

그의 크신 이름이 높임을 받고 거룩히 여김을 받으소서.

그가 창조한 세상에서

그의 뜻에 따라

그가 그의 왕국을 세우시기를,

당신의 시간과 당신의 때에

그리고 이스라엘의 온 집안이 살아 있을 때에

빠르게 그리고 가까운 시일 내에.[9]

카디쉬라는 이 기도는 신약성경보다 훨씬 후대의 기도다. 하지만 이와 비슷한 형태의 기도문이 예수 시대로 거슬러 올라갈 것이라는 추측은 합리적이다. 예수가 그의 기도를 통해 표현했던 소망은 동시대 유대인들이 기도를 통해 규칙적으로 표현했던 소

---

9   이 번역은 다음에서 발췌한 것이다. Jakob J. Petuchowski in *The Lord's Prayer and Jewish Liturgy*, ed. Jakob J. Petuchowski and Michael Brocke (London: Burns & Oates, 1978), 37.

망과 본질적으로 다르지 않았다. 그들은 의심의 여지 없이 하나님이 모세에게 밝힌 이름의 의미를 이해하고 있었을 것이다.

그런데 놀라운 점은 히브리어 성경을 인용한 말씀을 제외하면 복음서에서 예수는 결코 하나님을 "주"(Lord), 곧 신명사문자의 표준 대체어로 지칭하지 않는다(우리가 복음서 저자의 표현이라고 볼 수밖에 없는 두 번의 비정상적인 사례[10]를 제외하면). 이것은 예수의 말씀에서 현저하게 나타나는 일관된 특징이다. 다른 유대 문헌의 "주" 사용 빈도를 고려하면, 내가 알고 있는 한, 예수의 용법은 매우 이례적이며 심지어 유일무이하다.

그렇다면 예수는 하나님을 어떻게 지칭했을까? 한 가지는 "신적 수동태"라고 불리는 방법이다. 우리는 이것을 몇 가지 예를 들어 쉽게 설명할 수 있다.

마태복음 5:4 애통하는 자는 복이 있나니 그들이 위로를 받을 것임이요(하나님이 그들을 위로해주실 것임이요).

마태복음 23:37a 예루살렘아, 예루살렘아, 선지자들을 죽이고 네게 보냄을 받은 자들(하나님이 네게 보내신 자들)을 돌로 치는 자여!

---

10 막 5:19; 13:20. 다음 평행 본문("주"가 생략된)과도 비교하라. 눅 8:39; 막 24:22. "하늘과 땅의 주"(마 11:25; 눅 10:21)와 "추수의 주"(마 9:38; 눅 10:2) 같은 어구에서 "주"라는 단어는 신명사문자의 대체어일 수 없다.

마가복음 10:40 내 좌우편에 앉는 것은 내가 줄 것이 아니라 누구를 위하여 준비되었든지(하나님이 누구를 위하여 준비하셨든지) 그들이 얻을 것이니라.

신적 수동태는 하나님의 행위를 직접 언급하지 않으면서 그분의 행위를 우회적으로 표현하는 방법이다. 즉 "하나님은 A에게 B를 하신다"라고 말하는 대신 "A에게 B가 되었다"라고 말하는 것이다. 이 용법은 유대 문헌에서 찾아볼 수 있는 유대인들의 일반적인 어투인데, 예수는 이 용법을 특별히 선호한 것 같다. 학자들은 종종 이것이 하나님의 이름을 언급하는 것을 회피하는 방법이라고 말하기도 하지만, 사실 사람들은 "하나님" 또는 "주"라는 표현을 사용하여 하나님의 이름을 손쉽게 피할 수도 있었다. 신적 수동태의 기능은 하나님의 초월성을 보호하는 것이다. 이 용법은 하나님이 직접 행동의 주어가 되는 것을 막아준다.

그러나 예수는 신적 수동태로만 하나님에 대해 말할 수 있었던 것도 아니었고, 그렇게 말하지도 않았다. 그는 꽤 자주 "하나님"(우리 그리스어 복음서에서는 '테오스')이란 단어를 사용한다. 이것은 유대인들이 일반적으로 사용하는 어투다. 히브리어 성경에서 하나님은 종종 "하나님"('ĕlōhîm)으로 불렸다. 물론 하나님의 이름보다는 훨씬 덜 자주 사용되곤 했지만 말이다. 히브리어 성경에서 나중에 기록된 책들과 그 이후에 기록된 유대 문헌에서는 "하나님"이 더 자주 사용되고, 하나님의 이름은 덜 사용되는 경향을 보인다. 하지만 우리는 예수가 보통 히브리어가 아닌 아람어를 사용했다는 사실을 기억할 필요가 있다. 따라서 우리는 당대의 유대인들이 즐겨 사용하던 아람어로는 하나님의 이름을 어떻게 취급했는지 생각해볼 필요가 있다.[11] 안타깝게도 우리는 그 시대의 유대교 아람어 문헌을 그다지 많이 보유하고 있지 않지만, 당시 유대인들은 "주"(아람어로는 마라[*Mara'*])라는 단어를 신명사문자의 대체어로 사용하지 않은 듯하다. 마라(*Mara'*) — 또는 *Mari*, '나의 주' — 라는 단어는 하나님께 사용되고, 하나님을 지칭하는 데 사용되지만, 하나님의 이름을 대신하는 대체어는 아니다. 아람어 작가들은 그런 목적으로는 단순히 아람어에서 하나님을 의미하는 단어(*'elah*)를 사용했다.

그런 의미에서 이것은 부분적으로 예수의 용법을 설명해준다. 예를 들어 예수의 가르침 중에서 그가 가장 자주 사용한 문구 중 하나는 바로 "하나님의 나라"였다. 아마도 히브리어로는 그것이 "주(YHWH)의 나라"였을 것이다. 우리 그리스어 복음서에 등장하는 이 단어는 아마도 예수가 아람어로 하나님의 이름 대신

---

11 아람어 타르굼은 상당히 후대에 기록된 것이다.

"하나님"을 사용하면서 "하나님의 나라"라고 말했을 것이다. 하지만 나는 하나님의 이름 대신 "하나님"을 사용한 것이 예수가 "주"를 사용하지 않은 점을 충분히 설명해주지 못한다고 생각한다. 그는 단순히 "주" 대신 "하나님"을 사용한 것이 아니다. 예수가 하나님을 언급할 때 발견되는 또 다른 특징은 바로 그가 "아버지"라는 단어를 사용한다는 점이다. 사실은 이 점이 예수가 하나님을 지칭하는 방식 가운데 가장 독특하다고 할 수 있다. 비록 유대인들이 그 당시 하나님을 가끔 "아버지"로 부르긴 했지만, 사실 그것은 아주 드문 일이었다. 이에 비해 예수는 하나님을 지칭하는 이 단어를 훨씬 더 선호했던 것 같다.[12]

가장 흥미로운 것은 예수가 기도할 때 하나님을 지칭하는 방식이다. 복음서에 따르면 예수는 **항상** 하나님을 "아버지"라고 불렀다. 한 가지 예외가 있다면 그것은 그가 십자가에서 외친 "나의 하나님, 나의 하나님, 어찌하여 나를 버리셨나이까?"[13]인데, 이는 시편 22:1을 인용한 것이다. 나머지 경우에 ─ 열다섯 번(병행 본문 제외) ─ 사복음서는 예수가 하나님을 "아버지"라

---

12 예수의 말씀 가운데 하나님을 "아버지"로 지칭하는 복음서의 사례는 각각 다음과 같다. 마가복음에서 4번, 누가복음에서 17번, 마태복음에서 43번, 요한복음에서 109번.

13 마 27:46; 막 15:34.

고 부르며 기도하는 모습을 보여준다.[14] 또한 제자들에게 규칙적으로 사용하라며 가르친 기도가 있다. 이 기도는 누가복음에서 단순히 "아버지"로 시작하고(11:2), 마태복음에서는 "하늘에 계신 우리 아버지"로 시작한다(6:9). 이처럼 거의 유일하게 하나님을 "아버지"라고 부른 이 용법은 분명히 매우 이례적이었으며,[15] 신약성경은 예수가 실제로 사용한 아람어 단어 "아바"를 그대로 보존함으로써 이것이 독특하고 특별한 용법이었음을 보여준다. 마가는 예수의 겟세마네 기도를 기록하면서 아람어 단어 "아바"를 그대로 보존했고(14:36), 바울도 "아바 아버지"라고 말하는 그리스도인들의 기도를 언급한다(롬 8:15; 갈 4:6). 그는 로마와 갈라디아에 있는 그리스도인들에게 그리스어로 편지하면서 그렇게 했는데, 사실 수신자들 대다수는 아람어를 전혀 사용하지 않았다. 아람어가 그 지역 언어가 아님에도 불구하고 초기 그리스도인들이 이 단어를 계속해서 사용했다면 그들은 예수가 기

14　마 11:25, 26(눅 10:21); 마 26:39, 42(막 14:36; 눅 22:42); 눅 23:34, 46; 요 11:41; 12:27, 28; 17:1, 5, 11, 21, 24, 25. (괄호 안에 표기된 본문은 병행 본문이다.)

15　제2성전기 유대 문헌에서 유일하게 하나님을 "아버지"로 지칭하는 사례는 다음과 같다. 집회서 23:1, 4(그리스어); 지혜서 14:3; 마카베오3서 6:2-15; 4Q372 1:1:16; 4Q460 5:1:5; Apocryphon of Ezekiel(클레멘스1서 8:3에 인용된); 참조. 집회서 51:10 (히브리어).

도 중에 이 "아바"라는 단어를 사용한 데에는 무언가 매우 특별한 의미가 있다고 생각했을 것이다.

　나는 하나님을 지칭하는 예수의 이러한 독특한 방법이 예수가 특별히 하나님의 이름 대신에 "아버지"라는 단어를 사용했다는 점을 보여준다고 생각한다. 다른 누군가가 이미 이러한 주장을 했는지 모르지만, 내 생각에는 이 주장이 예수의 용법을 아주 잘 설명해주는 것 같다. 하나님의 이름은 이스라엘에 계시되었고, 이는 하나님의 백성이 하나님을 특별히 그의 이름으로 부를 수 있게 하기 위함이었다("주의 이름을 부르는"). 예수 시대의 유대인들은 표준적으로 하나님을 히브리어의 "주님"이나 아람어의 "나의 하나님" 또는 "우리 하나님"으로 부른 반면(하나님의 이름을 대신하여), 예수는 그 대신 "아버지"라는 단어를 사용했다. 이것은 예수가 하나님의 이름 대신에 사용한 것인데, 이것은 하나님의 이름을 대체한다기보다는 실제로 그 이름을 언급하지 않고서도 그 이름으로 하나님을 지칭한다는 의미를 담고 있다. 이것은 하나님의 이름을 높이며 지칭하는 새로운 방식이다. 예수가 이렇게 한 이유는 길게 논의할 가치가 있지만, 그것을 여기서 논의하는 것은 적절치 않아 보인다. 그러나 간단히 말해 그중에서 가장 중요한 이유는 하나님의 아들로서 그가 누렸던 하나님과의 특별한 관계를 예수가 친히 인식하고 있었고, 또 그것을 다른 사람들과 공유했기 때문일 것이다.

그리스도인들이 주기도문을 외우는 가운데 하나님을 "아버지"라고 부르고, 하나님께 그의 이름이 "거룩히 여김을 받으시오며"라고 기도한다는 것은 그들이 예수가 새롭게 혁신한 이 용법을 계속 사용하는 것을 의미한다. 다시 말해 이 용법은 "아버지"를 하나님의 이름에 대한 대체어로 사용하면서도 그것을 통해 하나님의 이름을 지칭하는 것이었다.

주 예수

하나님의 이름을 규칙적으로 대체하는 구약 인용문을 제외하면, 신약성경 저자들은 그리스어 "주"(퀴리오스)를 아주 드물게 하나님을 지칭하는 데 사용한다. 일반적으로 그들은 하나님을 "하나님" 또는 "아버지"라고 불렀고, 이에 대한 변형으로서 "우리 아버지"와 "예수 그리스도의 아버지" 등을 사용했다. 비록 이것 또한 예수가 사용한 방식을 따르는 것처럼 보이지만, 다른 측면에서 보면 사실 예수의 용법과 상당히 다르다. 이 용법은 "주"(퀴리오스)라는 단어를 자주 사용하는데, 대체로 예수를 가리킨다. 예를 들어 바울은 그의 서신 첫 인사말에서 "하나님 우리 아버지와

주 예수 그리스도로부터 은혜와 평강이 (있기를 원하노라)"라는 상용문구를 사용한다.[16] 또한 그는 하나님께 규칙적으로 기도를 드리고,[17] 때로는 그 하나님을 "우리 주 예수 그리스도의 하나님"이라고 묘사한다.[18] 바울이 하나님을 "주"로 부르지 않는 이유를 우리는 그가 그 칭호를 예수를 위해 남겨 두었기 때문이라고 말할 수 있다.

그렇다면 예수를 "주"로 부른다는 것은 무슨 의미일까? 우리는 그리스어 "퀴리오스"가 상당히 광범위한 의미를 지니고 있음을 알아야 한다. 기본적으로 이 단어는 사회적인 신분의 우월성을 나타낸다. 이 단어는 때때로 복음서에서 사람들이 예수를 "퀴리오스"라고 부를 때처럼 "선생님"이라는 존칭어에 지나지 않을 수도 있고, 종의 주인이나 고용주를 가리킬 수도 있다. 이것은 신약성경에서 예수를 지칭할 때 흔히 사용된다. 즉 그리스도인들은 자신들의 주님인 예수의 종이나 노예인 것이다. 이 단어는 통치자를 가리킬 수 있으며, 따라서 하나님이 만물의 주권자임을 가리킬 수도 있다. 하지만 이미 살펴본 바와 같이 "퀴리오

---

16 롬 1:7; 고전 1:3; 고후 1:2; 갈 1:3; 엡 1:2; 빌 1:2; 살전 1:2; 몬 3절; 참조. 딤전 1:2; 딤후 1:2; 딛 1:4.
17 롬 1:8; 고전 1:4; 빌 1:3; 살전 1:2; 살후 1:3; 몬 4절.
18 고후 1:3; 엡 1:3; 골 1:3.

스"는 통상적으로 하나님의 이름을 대신하는 대체어로 사용되었는데, 이때 이 용어는 통치의 의미와 하나님의 이름을 가리키는 독특한 기능을 지닌다. 이러한 광범위한 의미는 때때로 이 단어가 예수에게 적용될 때 하나님의 이름을 지칭하는 기능을 수행하는지를 정확히 판단하기 어렵게 만들기도 한다. 하지만 우리는 비교적 많은 경우에 그렇게 사용된다는 점을 확신할 수 있다. 예를 들어 바울 서신과 신약의 다른 본문에서 구약을 인용하는 글이 상당히 많이 등장하는데, 그때 하나님의 이름을 가리키는 "주"(퀴리오스)가 예수를 지칭한다고 볼 수 있다. 또한 "주의 말씀", "주의 날", "주의 이름을 부르는 자"(매우 의미 있는)[19] 같이 히브리어 성경에서 가져온 표현들도 있다. 이 표현들에서는 신약성경의 용법에 의하면 "주"가 예수를 가리키는 것으로 이해된다.

만약 우리가 초기 기독교 저자들이 이런 본문들을 어떻게 예수에게 적용할 수 있었는지를 알기 원한다면 기독론적 찬송시로 알려진 빌립보서 2:6-11이 가장 중요한 본문이 될 것이다. 이 찬송시의 마지막 부분은 다음과 같다.

---

19   행 9:14; 22:16; 고전 1:2; 딤후 2:22.

⁹ 이러므로 하나님이 그를 지극히 높여

모든 이름 위에 뛰어난 이름을 주사

¹⁰ 하늘에 있는 자들과 땅에 있는 자들과 땅 아래에 있는 자들로

모든 무릎을 예수의 이름에 꿇게 하시고

¹¹ 모든 입으로 예수 그리스도를 주라 시인하여

하나님 아버지께 영광을 돌리게 하셨느니라.

이 부분은 예언서의 한 본문과 연결하여 읽어야 하는데, 이 부분은 틀림없이 이 본문을 암시한다.

¹⁸ 대저 여호와께서 이같이 말씀하시되

하늘을 창조하신 이

(그는 하나님이시니)

그가 땅을 지으시고 그것을 만드셨으며

(그것을 견고하게 하시되 혼돈하게 창조하지 아니하시고 사람이 거주하게 그

것을 지으셨으니)

나는 여호와라. 나 외에 다른 이가 없느니라.

....

²² 땅의 모든 끝이여

내게로 돌이켜 구원을 받으라!

나는 하나님이라. 다른 이가 없느니라.

²³ 내가 나를 두고 맹세하기를

내 입에서 공의로운 말이 나갔은즉

돌아오지 아니하나니

"내게 모든 무릎이 꿇겠고 모든 혀가 맹세하리라" 하였노라(사 45:18, 22~23).

이 탁월한 유일신론적인 예언에서 모든 무릎이 절하고 모든 혀가 고백하게 될 대상은 다름 아닌 유일무이하신 야웨(YHWH) 하나님이시다. 빌립보서에서는 예수에게 이 표현이 적용되는데, 이 용법의 핵심은 바로 하나님의 이름이다.

바울이 "모든 이름 위에 뛰어난 이름"을 언급할 때 그가 하나님의 이름인 신명사문자를 의미했다는 점은 의심의 여지가 없다.[20] 유대인이라면 이를 결코 달리 이해할 수 없다. 확실히 이 본문은 신자들이 주기도문에서 하나님의 "이름이 거룩히 여김을 받으시오며"라고 기도하는 것을 가리킨다. 하나님의 이름이 온 세상에서 거룩히 여김을 받고, 온 민족이 주의 이름을 부르게 될

---

20 쿰란의 공동체 규칙서에도 이와 유사한 표현이 등장한다. "모든 이름보다 존경 받는 이름"(1QS 6:27). 참조. 엡 1:21; 히 1:4.

것을 고대했던 예언자들의 소망은 예수가 하나님의 계시이자 하나님의 이름을 그의 아버지와 함께 공유하는 자로 드러나게 될 때 비로소 성취된다.

우리는 빌립보서 2:9-11에서 신적 용어가 어떻게 분포되어 있는지를 주목할 필요가 있다. 하나님 아버지는 하나님의 이름을 주시고, 예수 그리스도는 그 이름을 받아 소유하고 주님으로서 신앙고백의 대상이 된다. 물론 이것은 하나님이 자신의 이름을 버리셨다는 것을 의미하지 않는다. 이 말은 예수가 하나님의 이름이 지칭하는 하나님의 고유한 신적 정체성에 속한다는 것을 의미한다. 예수의 인성 안에서 드러난 하나님의 계시는 하나님의 정체성이 모두에게 보편적으로 알려지게 된 사건이다. 따라서 예수가 주님이라는 고백은 모든 영광을 하나님 아버지께 돌린다. 그의 이름은 거룩히 여김을 받는다.[21]

---

21 하나님의 이름을 예수에게 부여하는 것에 대해 말하는 다른 본문은 요 17:12; 히 1:3-4이다.

결론

모세에게 하나님의 이름이 계시된 사건은 아직 끝나지 않은 하나님의 이름의 계시라는 하나의 긴 이야기의 출발점이었다. 하나님은 자신의 이름을 계시함으로써 자신을 자기 백성 이스라엘에 알리시고, 또 그들이 자신에게 접근할 수 있는 길을 열어주셨다. 이것은 이스라엘만을 위한 것이 아니라 하나님이 모든 민족에게도 계시되는 길을 예비한 것이었다. 하나님은 바로 우리가 예수를 "주"라고 부르고 하나님 아버지께 "이름이 거룩히 여김을 받으시오며"라고 기도할 때마다 시인하고 고백하는 그 이름을 소유하고 계신 분이시다.

참고문헌

하나님의 이름에 관하여

André LaCocque and Paul Ricoeur, *Thinking Biblically: Exegetical and Hermeneutical Studies*, trans. David Pellauer (Chicago: University of Chicago Press, 1998), 307-61.

Tryggve D. Mettinger, *In Search of God: The Meaning and Message of the Everlasting Names*, trans. Frederick H. Cryer (Philadelphia: Fortress, 1988).

Andrea D. Saner, *"Too Much to Grasp": Exodus 3:13-15 and the Reality of God*, Journal of Theological Interpretation Supplements 11 (Winona Lake, IN: Eisenbrauns, 2015).

R. Kendall Soulen, *The Divine Name(s) and the Holy Trinity*, vol. 1, Distinguishing the Voices (Louisville: Westminster John Knox, 2011), 8-9장.

하나님의 이름을 발음하지 않는 것에 관하여

Sean M. McDonough, *YHWH at Patmos: Rev. 1:4 in Its Hellenistic and Early Jewish Setting*, Wissenschaftliche Untersuchungen zum Neuen Testament 2.107 (Tübingen: Mohr Siebeck, 1999), 111-16.

예수의 용법에 관하여

Richard Bauckham, *Jesus: A Very Short Introduction* (Oxford: Oxford University Press, 2011), 62–68. 『예수: 생애와 의미』(비아 역간).

Richard Bauckham, "Jesus's Use of 'Father' and Disuse of 'Lord,'" in *Son of God: Divine Sonship in Jewish and Christian Antiquity*, ed. Garrick V. Allen, Kai Akagi, Paul Sloan, and Madhavi Nevader (University Park, PA: Eisenbrauns, 2019), 87–105.

Joachim Jeremias, *New Testament Theology: The Proclamation of Jesus*, trans. John Bowden (London: SCM, 1971), 9–14, 61–68.

"주님"으로서 예수에 관하여

Richard Bauckham, *Jesus and the God of Israel: God Crucifed and Other Studies on the New Testament's Christology of Divine Identity* (Grand Rapids: Eerdmans, 2008), 8장. 『예수와 이스라엘의 하나님』(새물결플러스 역간).

David B. Capes, *The Divine Christ: Paul, the Lord Jesus, and the Scriptures of Israel* (Grand Rapids: Baker Academic, 2018).

Chris Tilling, *Paul's Divine Christology* (Grand Rapids: Eerdmans, 2015).

3장

하나님의 성품의 계시

세 번째로 중요한 계시의 순간은 두 번째 계시의 순간과 마찬가지로 하나님이 모세에게 주신 계시다. 이것은 또한 두 번째 계시의 순간과 마찬가지로 출애굽기에 서술되어 있지만, 불타는 떨기나무 이야기에 비하면 훨씬 덜 알려진 이야기다. 아마도 이 이야기는 많은 그리스도인에게 완전히 생소한 이야기일 것이다. 이것은 상당히 유감스러운 일이다. 왜냐하면 이것은 성경 전체에서 가장 중요한 본문 가운데 하나일 뿐만 아니라, 구약성경에 나오는 하나님의 성품에 대해 많은 그리스도인이 심각하게 오해하고 있는 부분이기도 하기 때문이다. 이러한 오해는 이 중요한 계시의 순간을 올바로 이해하면 해소될 수 있다. 구약의 하나님은 복수심과 분노로 가득 찬 분인 데 반해, 신약의 하나님은 사랑의 하나님이라는 대중의 생각은 어처구니가 없을뿐더러 강력하게 반박되어야 할 대상이다. 이 생각은 하나님이 모세에게 시내산에서 보여주신 자신의 성품을 결정적으로 묘사하는 출애굽기 34장을 자세히 읽어보면 결코 그대로 유지될 수 없다.

불타는 떨기나무에서 일어난 계시 사건은 하나님의 이름을 계시함으로써 "누가 하나님인가?"라는 질문에 답했다. 하나님의 이름과 더불어 하나님의 자유와 이스라엘을 향한 그분의 헌신도 함께 드러났다. "나는 내 자신이 될 것이다"라는 표현은 하나님의 주권적인 자유를 확언한다. 그의 이름의 계시는 아무도 자신을 통제하지 못하게 한다. 하지만 또한 동시에 이 이름의 계시는 그의 백성 이스라엘의 하나님, 즉 그들을 이집트에서 인도하여 자기 백성으로 삼으시려는 그 하나님의 엄중한 약속이기도 하다. 그 이름은 하나님을 그 이름으로 부를 수 있는 이스라엘과의 관계를 형성한다.

하지만 "누가 하나님인가?"라는 질문은 또 다른 유형의 답변을 기대할 수 있다. 즉 "하나님은 어떤 분이신가?", "그는 어떤 유형의 하나님이신가?", "그는 어떤 특징적인 행동을 하시는가? 등의 질문에 대한 답변 말이다. 우리가 이번 장에서 논의할 계시의 순간은 하나님에 관해 이런 유형의 질문에 답한다. 이것은 사실 성경 전반에 걸쳐 나타나는 하나님의 성품에 대한 가장 풍성한 묘사를 제공해준다. 아마도 이것은 구약성경에서 그 어떤 것보다 하나님에 관해 더 많은 것을 우리에게 말해줄 것이다.

불타는 떨기나무 계시 사건 이후 출애굽기는 이스라엘 백성이 이집트에서 탈출하는 사건을 서술한다. 이스라엘 백성은 그들이 하나님과 언약을 맺을 시내산에 도착한다. 모세는 하나님이 직접 손가락으로 돌판에 기록한 율법을 하나님으로부터 받기위해 홀로 산으로 올라간다. 하지만 이 이야기는 여기서 정말로 놀라운 반전을 일으킨다. (이것은 결혼식 날 밤에 발생한 간음과 비교되기도 했다.) 이스라엘 백성은 금송아지를 만들자고 아론을 설득하고, 그것이 자신들을 이집트에서 인도해낸 "신들"이라고 선언한다(출 32:1-6). 그들은 주의 백성이 될 것을 약속한 지 불과 며칠도 되지 않아 그분(그리고 모세도)을 저버리고 다른 신들을 숭배하고 있는 것이다. 그들은 자신들이 가까이 접근할 수 없는 높은 산꼭대기에서 구름에 감추어진 신비롭고 거룩하고 공포스러운 하나님, 천둥과 번개로 말씀하시는 하나님을 원치 않았다. 그들은 자신들이 통제할 수 있는 신, 그들을 위해 만들어진 신, 그들이 함께 데리고 다닐 수 있는 신을 원했다.

하나님의 초기 반응은 우리가 천둥 속에서 말씀하시는 두려운 시내산의 하나님으로부터 기대할 수 있는 것이었다. 하나님은 모세에게 말씀하셨다. "내가 하는 대로 두라. 내가 그들에게 진노하여 그들을 진멸하고 너를 큰 나라가 되게 하리라"(출 32:10). 하나님은 그의 백성을 진멸하고, 그 대신 모세와 그의 후손을 그의 언약 백성으로 삼겠다고 제안하신다. 바로 여기서 모세와 하나님 간의 놀라운 대화가 이어진다. 이것은 그 이후의 그들의 역사 전체와 이스라엘의 존재 자체가 걸린 대화였다. 하나님은 과연 분노하심으로써 그들을 진멸하실 것인가, 아니면 예상외로 그들을 용서하시고 그들에게 계속 헌신하실 것인가? 우리는 여기서 이 대화를 세부적으로 추적할 순 없지만, 기본적으로 모세는 여기서 하나님이 그의 백성을 진멸하지 않고, 초반부터 그들이 깨뜨려버린 언약 관계를 다시 회복하고, 그들의 하나님으로 계속 남아 그들에게 주신 땅으로 가는 나머지 여정에 동행하도록 설득한다. 따라서 하나님과 함께하는 그들의 역사의 출발점에서 이스라엘이 놀라우리만큼 불성실한 모습을 보여주지만, 하나님은 정말로 믿기 어려우리만큼 놀라운 은혜와 용서와 헌신을 보여주신다. 이스라엘의 실패는 극도로 비참하지만, 하나님의 은혜는 이를 극복하고 그들을 다시 받아들이기에 충분했다. 이것이 향후 이스라엘 역사의 여러 시점에서 다시 반복될 패턴이다.

독자들, 특히 출애굽기를 읽는 현대 기독교 독자들은 용서하려는 하나님의 마음을 당연하게 여길지도 모른다. 우리는 나중에 일어난 일을 이미 알고 이 이야기를 읽는다. 우리는 성경의 나머지 이야기에 나오는 하나님의 놀라운 자비하심을 잘 알고 있다. 그러나 모세는 그렇지 않았다. 모세가 백성을 진멸하지 말라고 하나님을 설득하려 했을 때 그는 하나님이 족장들에게 하신 약속을 상기시키며 그의 말씀을 준수할 것을 하나님께 간청했다(출 32:13). 하지만 모세는 "나는 당신이 자비로우시며 너그러우신 분임을 잘 알고 있습니다"라고 말할 수 없었다. 그는 그것에 대해 전혀 몰랐다. 따라서 (모세가 예상했던 것과는 전혀 다르게) 하나님이 모세의 요구를 수용하시고, 그의 백성을 용서하시며, 그들을 약속의 땅까지 동행하시겠다고 약속하실 때 이토록 독특하게 행동하시는 이 하나님에 대해 더 자세히 알고 싶은 마음이 모세에게 생겨난다. 그는 하나님이 어떤 분이신지를 보여 달라고 요구한다.

> [18] 모세가 이르되 "원하건대 주의 영광을 내게 보이소서." [19] 여호와께서 이르시되 "내가 내 모든 선한 것을 네 앞으로 지나가게 하고 여호와의 이름을 네 앞에 선포하리라. 나는 은혜 베풀 자에게 은혜를 베풀고 긍휼히 여길 자에게 긍휼을 베푸느니라." [20] 또 이르시되 "네가 내 얼굴을 보지 못하리니 나를 보고 살 자가 없음이니라." [21] 여호와께서 또 이르시기를 "보라. 내 곁에 한 장소가 있으니 너는 그 반석 위에 서라. [22] 내 영광이 지나갈 때에 내가 너를 반석 틈에 두고 내가 지나도록 내 손으로 너를 덮었다가 [23] 손을 거두리니 네가 내 등을 볼 것이요 얼굴은 보지 못하리라"(출 33:18-23).

모세의 요구에 대한 하나님의 대답은 출애굽기 3장에서 하나님의 이름을 묻는 모세의 질문에 대한 답변처럼 세 단계에 걸쳐 나타난다. 이 세 단계는 "[그가] 이르시되", "[그가] 이르시되", "여호와께서 이르시되"라는 도입 문구로 시작한다. 우리가 앞장에서 이미 지적했듯이 출애굽기 3장에서 하나님은 세 번째 단계에 이르러서야 비로소 모세의 질문에 답하시며 자신의 이름을 계시하셨다. 출애굽기 3장에서 하나님의 답변 가운데 첫 번째 단계는 하나님이 마치 하나님의 이름을 알려달라는 모세의 요구를 거부하시려는 듯 다소 냉소적이었다. 하지만 그 첫 번째 단계는 필수적인 예비 단계로서 하나님의 자유와 초월성을 보호함으로써 그의 이름이 알려지는 것에 대한 오해의 소지를 없애려는 것이었다. 출애굽기 33장에 나오는 모세의 질문에 대한 하나님의 답변도 어느 정도 이와 비슷하다. 하나님은 세 번째 단계에 이르러서야 비로소 모세에게 실제로 자신의 영광을 어렴풋이나마 보여줄 것을 약속하신다. 이것은 하나님의 영광을 온전히 보여주기보다는 특권을 가진 하나님의 종에게만 자신의 영광을 살짝 보여주는 것으로서 모세가 실제로 요구한 것을 받아들이지 않는 것이다. 출애굽기 3장에서는 하나님의 첫 번째 답변이 모세의 요구를 한마디로 거절하는 듯 보였다. 출애굽기 33장에서는 하나님의 두 번째 답변(20절)이 일언지하의 거절로 보였다. 하나님의 첫 번째 답변(19절)은 이 중요한 계시의 순간과 출애굽기 3장의 중요한 계시의 순간을 서로 연결하면서 실제로 출애굽기 3:14에 기록된 하나님의 말씀을 반영한다.

출애굽기 3장과의 연관성은 사실 이것만으로도 충분하다. 이제 우리는 출애굽기 33장에 기록된 이 본문을 자세히 살펴볼 필요가 있다. 모세는 하나님의 영광을 보여달라고 요구한다. 히브리어 성경에서 "영광"은 무언가 "눈에 보이는 화려함"을 의미한다. 그것은 무언가 눈으로 볼 수 있는 것이다. 하지만 궁극적으로 모세가 실제로 보고 싶었던 것은 하나님의 얼굴이다. 고대 이스라엘인들의 사고에서는 어떤 사람을 실제로 드러내 보여주는 것이 바로 얼굴이다. 사람의 얼굴은 놀라울 정도로 강한 표현력을 지니고 있다. 당신은 누군가의 얼굴을 볼 때 그 사람이 누구인지 알 수 있다. 하나님의 얼굴을 본다는 것은 하나님이 누구신지를 보는 것이며, 특징적으로 자신을 구름에 감추시는 하나님의 비밀(신비)을 꿰뚫어 보는 것이다. 하지만 하나님의 경우 그분의 얼굴은 눈부실 정도로 영화롭다. 하나님의 얼굴은 신적 존재의 눈부신 광채를 발산한다. 히브리어 성경이 우리에게 여러 차례에 걸쳐 보여주었듯이 인간은 하나님을 보면 결코 살아 남을 수 없다.[1] 그런 경험은 너무나도 압도적이다. 적어도 이 땅의 삶에서는 말이다. 하나님의 얼굴은 우리를 비추시지만(민 6:25), 우리는 그의 얼굴을 바라볼 수 없다.

그럼에도 하나님은 모세의 요구를 단순히 거절하지 않으신다. 모세에게는 하나님이 누구신지 볼 수 있는 권한이 없지만, 그

---

1   창 32:30; 출 33:20; 삿 6:22-23; 13:22; 참조. 사 6:5.

는 하나님이 어떤 분이신지 들을 수 있는 특권을 누린다. 하나님은 다시 한번 모세가 불타는 떨기나무에서 처음 들어본 자신의 이름을 말씀해주시고, 떨기나무에서 자신을 계시하신 사건을 연상시키는 진술을 그 이름에 덧붙이신다. 거기서 하나님은 모세에게 자신의 이름을 일러주시기 전에 "나는 내 자신이 될 것이다"(출 3:14)라고 말씀하시면서 그 중대한 순간을 예비하셨다. 하나님은 자신이 어떤 존재가 될 것인지를 자유롭게 결정하는 분이시다. 이를테면 하나님은 자신이 이스라엘의 하나님이라고 생각하기 때문에 이스라엘의 하나님이신 것이 아니다. 오히려 그는 스스로 이스라엘의 하나님이 되기로 결정하고 이스라엘을 위해 자신을 내어주신다.

그것은 그때의 일이었다. 이제 하나님은 이렇게 말씀하신다. "나는 은혜 베풀 자에게 은혜를 베풀고 긍휼히 여길 자에게 긍휼을 베푸느니라"(출 33:19). 여기서 (매우 특이한) 문법 구조는 서로 같으며, 말하고자 하는 요점도 비슷하다. 자비롭고 은혜로우신 하나님은 모든 일을 스스로 결정하신다. 그의 자비하심은 통제되거나 조종을 당할 수 없다. 그가 특별히 크신 은혜를 이스라엘에 베푸신다면 그것은 당연히 그의 자유 의지 안에서 이루어지는 것이다. 이것은 모세가 하나님을 설득한 것을 자신의 공으로 삼을 수 없다는 것을 의미한다. 어떤 의미에서 그가 하나님을 설득할 수 있었던 것은 그가 하나님의 마음을 움직일 수 있는 모종의 열쇠를 갖고 있었기 때문이 아니다. 하나님이 자비를 베푸시기로 결정하셨다면 그것은 하나님이 스스로 그렇게 하기로 결정하셨기 때문이다.[2]

모세는 하나님과의 계시적인 만남을 약속받는데, 이것은 구름 속에서 들려온 하나님의 음성을 듣는 것을 초월하는 경험이다. 하나님은 그의 모든 선하심 ― 하나님의 영광이나 찬란함을 가리키는 또 다른 표현 ― 이 모세에게 지나가도록 하시겠지만, 모세는 하나님의 영광이 그의 시야에서 사라질 때에야 비로소 그 영광을 어렴풋이나마 엿볼 수 있을 것이다. 이것은 놀라우리만큼 신인동형론적인 이야기가 아닐 수 없다. 저자는 하나님의 얼굴, 하나님의 손, 하나님의 등을 언급하는 데 전혀 문제가 없다. 그러나 이러한 신인동형론적인 언어는 하나님의 임재가 그러하듯이 무언가 매우 신비로운 것을 연상시킨다. 불타는 떨기나무처럼 이러한 하나님의 현현은 완전히 특이한 현상임에 틀림없다. 성경에는 이에 견줄 만한 것이 전혀 없다.

---

2   롬 9:15-16에서 바울이 이 본문을 사용한 것을 참조하라.

계시

하나님이 약속하신 만남은 그 이후 모세가 산에 올라갔을 때 이루어진다.

> [5] 여호와께서 구름 가운데에 강림하사 그와 함께 거기 서서 "여호
> 와"의 이름을 선포하실새
> [6] 여호와께서 그의 앞으로 지나시며 선포하시되
> "여호와라, 여호와라,
> 자비롭고 은혜롭고
> 노하기를 더디 하고
> 인자와 진실이 많은 하나님이라.
> [7] 인자를 천대까지 베풀며
> 악과 과실과 죄를 용서하리라.
> 그러나 벌을 면제하지는 아니하고
> 아버지의 악행을
> 자손 삼사 대까지 보응하리라."
> [8] 모세가 급히 땅에 엎드려 경배하며(출 34:5-8).

이 본문 서두에서 하나님의 이름은 놀라우리만큼 크게 강조된

다. 하나님의 이름에 대한 다섯 번의 언급은 다섯 가지 속성에 대한 묘사(자비롭고, 은혜롭고, 노하기를 더디 하고, 인자와 진실이 많은)에 해당한다. 하지만 우리는 주님이 자신의 이름을 반복해서 선포하시는 것에 특히 주목할 필요가 있다("여호와께서 그의 앞으로 지나시며 선포하시되, '여호와라, 여호와라'"). 이러한 하나님 이름의 이중적 언급은 성경 어디에도 나타나지 않는다. 이를테면 하나님은 자신이 바로 **이** 하나님이라고 주장하며, 자신은 자비롭고, 은혜롭고, 노하기를 더디 하고, 인자와 신실하심이 넘친다고 말씀하신다. 이것은 마치 이 하나님이 우리가 사람을 인식하는 방식으로 자신을 우리에게 알리시는 것과 같다. 우리는 어떤 사람을 먼저 그 이름을 통해 인식하고, 그 이후에 그 사람이 어떤 사람인지를 알게 된다.

하나님의 속성에 관한 묘사는 두 부분으로 나뉜다. 첫 번째 부분은 다섯 가지 속성을 나열한다(6절). 두 번째 부분은 하나님의 행동에 대한 두 가지 특징을 묘사하는데(7절), 이 부분은 십계명의 두 번째 계명이 하나님에 관해 말하는 것과 매우 유사하다(출 20:5-6; 신 6:9-10). 이 두 부분은 히브리어 성경에서 자주 등장한다(본 장 끝에 있는 부록을 보라). 첫 번째 부분을 암시하는 본문은 종종 축약되어 있거나 다소 변형되어 등장한다(이 속성들은 종종 별도로 등장하거나 목록에 없는 다른 속성과 함께 등장하기도 한다). 두 번째 부분과 유사한 내용이 담긴 본문은 종종 하나님의 인자하심과 죄 사함(7a)에 관한 긍정적인 말씀과[3] 때로는 죄인에 대한 하나님의 심판(7b)에 관한 부정적인 말씀을 포함한다.[4] 이러한 하나님의 속성 전체에 대한 묘사는 하나님을 성경적으로 이해하는 데 있어 매우 중요하다.

첫 번째 부분은 하나님의 속성을 직접 묘사하는데, 이 다섯 가지 속성은 다음과 같다.

자비롭고

은혜롭고

노하기를 더디 하고

인자(헤세드)가 많고

신실하신 하나님

여기서 사용된 다섯 가지 형용사와 명사는 모두 관계를 나타내는 용어다. 이 용어는 모두 하나님이 사람들과 어떻게 관계하시는지를 묘사한다(문맥상 구체적으로 이스라엘과의 관계에서). 더 나아

---

3 왕상 8:23; 대하 6:14; 느 1:5; 9:32; 시 145:8; 단 9:4; 욜 2:13; 욘 4:2.

4 출 20:5-6; 신 5:9-10; 7:9-10; 렘 32:18; 나 1:3.

가 이러한 용어는 모두 단 한 번의 예외도 없이 긍정적이다. 이 용어는 넘치도록 자비로우시고 자상하시며 인내와 관용을 베푸시고 자기 백성에게 신뢰감을 주시는 분으로 하나님을 묘사한다. 다시 말하면 이 용어들은 모세에게 **하나님의 속성의 근간**, 즉 금송아지 사건 이후 하나님이 얼마나 놀라운 방식으로 이스라엘을 다루셨는지를 보여준다. 하나님은 자비로우신 분이 되기로 작정하셨다. 왜냐하면 하나님은 그러한 분이시기 때문이다.

"헤세드"(*ḥesed*)라는 단어는 번역하기 쉽지 않다. 현대 영역본들은 "변함없는 사랑"(steadfast love)으로 합의를 본 듯하다. 이 단어의 광범위한 의미는 "사랑스러운 다정함", "자비", "사랑", "다정함", "한결같은 사랑" 등 다른 잘 알려진 번역을 통해 알 수 있다. 아마도 "변함없는 사랑"이란 단어가 사랑과 신실함이 합쳐진 "헤세드"라는 히브리어 성경의 의미를 가장 잘 표현하는 듯하다. 이 단어는 주로 언약이나 관계에서 요구되는 신실함/충성을 가리키는 것 같다. 하나님의 "헤세드"는 심지어 그의 언약 백성이 언약 관계를 무시하고 하나님이 원하시는 길을 거부할 때에도 그들에 대한 열정적인 헌신을 계속 유지한다. 하나님은 자신이 한 약속을 반드시 지키신다. 그는 심지어 자기 백성이 믿음을 저버리더라도 그들에게 끝까지 신실하시다. "인자가 많고 신실하신"이란 표현은 히브리어에서 문자적으로 "변함없는 사랑과 신실하심이 크다"는 의미이며, 이 두 가지 성품이 모두 강조된다. 이 어구는 성경 다른 본문에서도 등장하는데,[5] 오직 **하나님**에 대해서만 "변함없는 사랑이 **크다**"고 말한다. 이것은 하나님의 특별한 속성이며, 이스라엘 백성에게 자신을 내어주는 하나님의 특징적인 속성이다. "변함없는 사랑과 신실하심이 크신" 하나님이 등장하는 출애굽기 34장의 문맥은, 이스라엘이 그를 정면으로 거부하는 상황 속에서도, 하나님이 장차 그의 백성을 어떻게 다루실지에 대한 놀라운 선례를 제공하며, 후대의 지도자들과 예언자들은 이 선례에 호소한다. 이스라엘은 이제 하나님이 믿기 어려울 만큼 사랑이 많으시고 믿기 어려울 만큼 신실하시다는 사실을 알고 있다.

나머지 묘사는 "변함없는 사랑"이라는 용어를 사용하여 그 의미를 설명해나간다.

> 인자를 천대까지 베풀며
> 악과 과실과 죄를 용서하리라.
> 그러나 벌을 면제하지는 아니하고
> 아버지의 악행을

---

5   시 86:5, 15; 103:8; 106:45; 145:8; 사 63:7; 애 3:32; 욜 2:13; 욘 4:2.

자손에게

자손의 자손에게

자손 삼사 대까지 보응하리라(출 34:7).

이 부분에서 우리가 주목해야 할 점은 "천대까지"와 "삼사 대까지"가 서로 대조된다는 것이다. 아버지의 악행을 그의 자손에게 "보응하리라"는 말이 무슨 의미이든지 간에, 전 세대를 향한 하나님의 변함없는 사랑은 넘쳐 흐르고도 남는다. 이 구절의 끝부분에서 염두에 두고 있는 것은 아마도 죄의 결과가 단지 그 죄를 범한 당사자보다 훨씬 더 많은 사람에게 영향을 미칠 것이라는 점일 것이다. 인간 사회를 자세히 들여다보면 자녀들은 부모의 잘못과 실수 때문에 고통을 받는다. 하지만 이러한 영향은 제한적이며, 어쩌면 그 부모의 생애에서 실제로 목격할 수 있는 세대—그들의 자녀, 손자, 증손자—에까지 미칠 것이다. 하지만 이와는 대조적으로 하나님의 변함없는 사랑은 시간적으로 한계가 없다.

이 말씀에는 많은 독자들이 의아해하는 부분이 들어 있다. 첫째, 모든 종류의 잘못 또는 반란("악, 과실, 죄")을 용서해주신다는 약속과 함께 하나님의 변함없는 사랑이 자세히 묘사되어 있지만, 그 내용은 이어지는 말씀에 의해 제한된다(아예 부정되지 않는다면). "그러나 벌을 면제하지는 아니하고 아버지의 악행을 자손에게…보응하리라." 여기서 "벌을 면제하다"와 "악행을 보응하다"(즉 악행을 처벌하다) 사이에는 의도된 분명한 평행 구조가 존재한다. 그렇다면 이 둘은 서로 어떻게 연관되어 있을까? 과연 하나님은 어떤 사람의 죄는 용서하지만, 다른 사람의 죄는 벌하시는가?(이것은 출 20:6의 병행 본문에 의해 암시될 수 있다. 하지만 용서에 대한 언급은 없다) 아니면 하나님은 죄는 용서하지만, 벌은 내리시는가?(이것은 애 3:19-33에 의해 암시될 수 있다) 우리는 곧 이에 관해 구약의 몇몇 본문이 어떻게 말하고 있는지 살펴볼 것이다. 하지만 여기서는 한 가지만 짚고 넘어갈 것이다.

어쩌면 하나님은 넘치도록 용서해주시고 변함 없는 사랑을 부어주실 만큼 신실하신 분이지만, 처벌할 권리는 그대로 갖고 계시는 듯하다. 하나님은 "나는 은혜 베풀 자에게 은혜를 베풀고 긍휼히 여길 자에게 긍휼을 베푸느니라"(출 33:19)고 말씀하실 때 이미 표명했던 자유의사 결정권을 그대로 보유하고 계신다. 하지만 이것은 하나님께서 **임의로** 행동하신다는 것을 의미하지 않는다. 오히려 하나님은 우리가 항상 이해할 수 없는 방식으로 행동하신다. 그분에게는 우리가 미처 이해할 수 없는 그분만의 행동방식이 있다. 우리는 그의 자비와 그의 판단을 측량할 수 없다. 하나님의 변함없는 사랑과 신실하심은 무궁무진하므로 우리는 그가 자기 백성에게 좋은 것을 베푸시기 위해 행동하신다는 것을 믿을 수 있다. 하지만 그의 방식은 우리의 생각과 매우 다를 수 있다. 아무튼 그럼에도 그는 여전히 하나님이시다.

요엘과 요나

우리는 구약에 나타난 하나님의 속성에 대한 많은 반향 가운데 몇 가지만 여기서 살펴보고자 한다. 우리는 소예언서 중에서 서로 밀접하게 연관되어 있는 요엘과 요나의 두 본문으로 시작한다.

> [12] 여호와의 말씀에 너희는 이제라도
> 금식하고 울며 애통하고
> 마음을 다하여 내게로 돌아오라 하셨나니,
> [13] 너희는 옷을 찢지 말고 마음을 찢고
> 너희 하나님 여호와께로 돌아올지어다.
> 그는 은혜로우시며 자비로우시며
> 노하기를 더디 하시며 인애가 크시사
> 뜻을 돌이켜 재앙을 내리지 아니하시나니,

¹⁴ 주께서 혹시 마음과 뜻을 돌이키시고

그 뒤에 복을 내리사

너희 하나님 여호와께

소제와 전제를 드리게 하지 아니하실는지 누가 알겠느냐?(욜 2:12-
14)

¹ 요나가 매우 싫어하고 성내며 ² 여호와께 기도하여 이르되 "여호
와여 내가 고국에 있을 때에 이러하겠다고 말씀하지 아니하였나
이까? 그러므로 내가 빨리 다시스로 도망하였사오니 주께서는 은
혜로우시며 자비로우시며 노하기를 더디 하시며 인애가 크시사
뜻을 돌이켜 재앙을 내리지 아니하시는 하나님이신 줄을 내가 알
았음이니이다. ³ 여호와여 원하건대 이제 내 생명을 거두어 가소
서. 사는 것보다 죽는 것이 내게 나음이니이다" 하니(욘 4:1-3).

이 두 본문은 정형화된 방식으로 묘사된 하나님의 성품을 특별
하게 각색했다는 공통점이 있다. 이 본문은 우선 하나님의 성품
에 대한 묘사의 첫 부분을 축약하고, 다섯 가지 형용사를 네 가지
로 축소한다(은혜로우시며 자비로우시며 노하기를 더디 하시며 인애가
크시사). 이 버전은 출애굽기 34:6-7에 없는 "뜻을 돌이켜 재앙을
내리지 아니하시는"라는 어구를 추가한다. 이는 하나님이 심판

을 선포하고 나서 마음을 바꾸어 예정했던 처벌을 내리지 않는 것을 의미한다.

비록 이것은 출애굽기 34:6-7에 기록된 내용에 덧붙여진 것이지만, 모세와 주님이 나눈 대화의 앞부분에서 유래한 것이다. 하나님이 이 백성을 멸하시겠다고 선포할 때 모세는 그의 마음을 바꾸어달라고 간청한다.

주의 맹렬한 노를 그치시고 뜻을 돌이키사 주의 백성에게 이 화를 내리지 마옵소서(출 32:12b).

여호와께서 뜻을 돌이키사 말씀하신 화를 그 백성에게 내리지 아니하시니라(출 32:14).

NRSV 역본은 이 두 말씀을 요엘과 요나의 본문과 다소 다른 느낌을 주도록 번역했지만(이 두 본문은 "재앙을 내리지 아니하시는"이라고 말하지만, 출애굽기는 "뜻을 돌이키사"라고 말한다), 실제로 히브리어 본문은 서로 매우 유사하다.

따라서 요엘과 요나는 모두 하나님의 속성을 묘사하는 어떤 특정 버전을 사용하면서 하나님의 자비와 긍휼을 강조하고, 하나님은 자비와 긍휼로 계획했던 재앙을 번복하실 수 있다는 점을 암시한다. 우리는 이제 이 두 본문을 그 문맥에 따라 살펴볼 것이다. 요엘서에서 예언자는 백성에게 임할 하나님의 심판을 길게 언급했다(2:1-11). 하지만 이제 이 본문에서 그는 백성들에게 회개할 것을 촉구하며 만약 그들이 회개하면 하나님이 뜻을 돌이켜 심판을 거두실 수 있다고 말한다. 이미 알려진 하나님의 성품은 이스라엘 백성이 마음속 깊은 곳에서 흘러나오는 진정한 회개를 할 수 있도록 촉구하는 기초가 된다. 예언자는 이를 하나의 질문으로 표현한다. "주께서 혹시 마음과 뜻을 돌이키[실지]…누가 알겠느냐?" 다시 한번 이것은 하나님이 인간의 행동에 의해 통제를 받거나 조종당할 수 없음을 암시한다. 하나님은 자유로우시지만, 그분이 스스로 선포한 성품은 우리에게 소망의 근거가 된다. 회개는 분명히 그분이 선포한 심판을 스스로 번복하는 결정에서 큰 역할을 한다.

요나서 본문을 더 자세히 살펴보기 전에 또 다른 소예언자인 나훔이 하나님의 성품에 관해 말하는 내용을 살펴보는 것도 도움이 될 것이다. 나훔의 예언은 아시리아와 그 위대한 수도 니느웨에 대한 심판을 언급하는 긴 신탁이다. 이 예언은 하나님에 대한 적절한 묘사로 시작한다.

여호와는 질투하시며 보복하시는 하나님이시니라.

여호와는 보복하시며 진노하시되

자기를 거스르는 자에게 여호와는 보복하시며

자기를 대적하는 자에게 진노를 품으시며

여호와는 **노하기를 더디** 하시며 권능이 크시며

벌 받을 자를 결코 내버려 두지 아니하시느니라(1:2-3a).

마지막 두 행에서 강조된 표현은 출애굽기 34:6-7에서 하나님의 성품을 묘사한 내용을 반향한다. 일반적으로 이러한 반향은 성품 묘사의 두 부분(6절과 7절)을 모두 반영한다. "노하기를 더디 하시며"는 성품 묘사의 첫 번째 부분에 해당하는데, 죄를 범한 자들에 대한 하나님의 오래 참으심을 나타낸다는 의미에서 긍정적인 측면을 보여준다. 나훔은 하나님의 다섯 가지 성품 가운데 이 하나만을 선택한 후 곧이어 두 번째 부분의 부정적인 측면으로 넘어간다. "[여호와는] 벌 받을 자를 결코 내버려 두지 아니하시느니라." 여기서 핵심 요점은 지금까지 여호와는 니느웨를 향해 오래 참으셨다는 것이다. 하나님은 니느웨를 향해 성급하게 행동하지 않으셨지만, 니느웨에 대한 심판은 확실했다. 여기서 가장 중요한 성품은 출애굽기 34:6의 다른 네 가지 성품이 아니라 "질투하시며 보복하시는" 성품이다. 이 구절은 히브리어 성경의 출애굽기 34:6에 대한 반향 중에서 전반적으로 부정적

그림 3. 요나를 집어삼키는 큰 물고기. 에티오피아.

인 의미를 드러낸다는 관점에서 볼 때, 즉 하나님의 성품을 원수
들에 대한 하나님의 심판을 예고하는 기초로 삼는다는 의미에서
매우 독특하다.

이 구절은 또한 하나님의 성품을 묘사하는 것과 관련하여
그의 언약 백성인 이스라엘과의 관계에 적용하지 않고 이스라엘
의 원수인 다른 민족에 적용한다는 점에서 상당히 이례적이다.
이것은 보기 드문 일이지만 그렇다고 해서 특별한 사례도 아니
다. 요나서도 이 같은 이방 민족을 향해 똑같이 말한다.

요나서는 어떻게 요나가 하나님 때문에 실제로 니느웨로 가

서 그 도시에 대한 하나님의 임박한 심판을 예언하게 되었는지를 서술한다. 요나는 그곳으로 가고 싶지 않아서 가능하면 니느웨에서 가장 멀리 떨어진 곳을 향해 떠난다. 하지만 그는 자기의 소명을 버리고 도망칠 수 없었다. 하나님은 바다의 광풍과 커다란 물고기를 통해 요나가 니느웨로 가서 거기서 니느웨 사람들에게 그 도시가 40일 안에 멸망할 것임을 사흘에 걸쳐 전하게 하신다. 니느웨 사람들은 이 메시지를 받아들인다. 그들은 회개하고, 하나님은 마음을 바꾸어 그의 심판을 철회하신다.

요나는 이 사실을 기뻐하지 않는다. 그의 문제는 언제나 하나님이 니느웨를 멸망시키기를 원했다는 것이었다. 그는 니느웨 사람들이 임박한 심판에 대한 메시지를 듣고 회개하여 하나님의 심판을 면하는 것을 원치 않았다. 그가 하나님께 "주께서는 은혜로우시며 자비로우시며 노하기를 더디 하시며 인애가 크시사 뜻을 돌이켜 재앙을 내리지 아니하시는 하나님이신 줄을 내가 알았음이니이다"(욘 4:2)라고 말하는 것을 보면 그는 이런 일이 일어날 수 있다는 것을 알고 있었다. 하나님은 요나에게 자비를 가르치셔야만 했다.

하나님의 성품 묘사의 배치 방식에는 두 가지 주목할 만한 특징이 있다. 첫째, 이것은 하나님과 비(非)유대 민족 간의 관계에 적용된다(나훔에서처럼). 둘째, 이것은 긍정적으로 적용된다(나

홈에서와는 달리), 하나님은 이스라엘의 원수인 이방 민족을 (니느웨가 그랬던 것처럼) 그의 언약 백성과 동일하게 다루신다. 이것은 그의 언약 백성을 향한 하나님의 충성스러운 사랑에 초점을 맞춘 "변함없는 사랑"이라는 용어의 경우에 특별히 더 주목할 만하다. 요나서에서 우리는 하나님의 성품에 대한 묘사를 발견하는데, 이것은 본래 하나님이 그 한계를 허물고 이스라엘을 다루시는 방식을 가리켰던 것이다. 그의 변함없는 사랑은 이제 그의 백성에 대한 언약적 헌신뿐만 아니라 다른 민족의 안녕에 대한 하나님의 관심도 포함한다. 이것은 이스라엘을 위한 하나님이 어떤 분이신지를 묘사할 뿐만 아니라 단순히 하나님이 어떤 분이신지를 묘사한다.

시편 145편

우리는 시편 145:8-9에서도 이와 동일한 종류의 성품 묘사를 발견한다.

> [8] 여호와는 은혜로우시며 긍휼[라훔]이 많으시며
> 노하기를 더디 하시며 인자하심이 크시도다

⁹ 여호와께서는 모든 것을 선대하시며

그 지으신 모든 것에 긍휼[라하마브]을 베푸시는도다.

괄호 안에 들어 있는 히브리어 단어는 8절의 "긍휼"과 9절의 "긍휼"이 같은 히브리어 어근에서 유래한 것임을 보여준다. 이 두 구절에서 시편 저자는 먼저 8절에서 하나님의 전통적인 성품 묘사를 인용하지만, "변함없는 사랑" 바로 앞에서 멈춘다(요엘과 요나가 했던 것처럼 말이다). 이어서 그는 9절에서 이 성품 묘사에 대한 그의 해석을 제시한다. 그는 그것을 명시적으로 보편화한다. 그는 그것에 대한 언급을 이스라엘 너머의 모든 민족에게, 그리고 사실상 모든 피조물에 확대한다. "여호와께서는 모든 것을 선대하시며 그 지으신 모든 것에 긍휼을 베푸시는도다." 9절의 "모든"이란 단어의 반복은 이 시편에서 무려 열아홉 번 등장하기 때문에 큰 의미를 지닌다.⁶ 이것은 만물을 창조하시고 다스리시는 하나님의 보편적 선하심에 관한 시편이다. 2절의 "모든"(개역개정, "날마다")이란 단어에 이어 9절부터 "모든"이란 단어가 이 시편에서 넘쳐나기 시작하여, 그 이후로는 적어도 거의 2행 연구

---

6 이 숫자는 히브리어 본문을 가리킨다. 영역본들은 그런 의미에서 히브리어 본문과 일치하지 않는다.

(聯句, couplet)마다 한 번 또는 종종 두 번 등장한다. 따라서 시편 저자는 하나님의 전통적인 성품 묘사를 인용하고(8절, 여기서는 하나님이 **누구에게** 은혜로우시며 긍휼이 많으신지를 구체적으로 명시하지 않는다) 모든 피조물을 그의 보호와 관심의 대상으로 명시하는 의역을 덧붙일 때(9절) 무언가 매우 의도적인 일을 하고 있다. 시편 저자가 단지 인간들만이 아니라 모든 피조물을 의미한다는 사실은 모든 생물들에게 음식을 제공하시는 하나님에 대한 이 주제(다른 시편에서도 발견되는)를 상기시키는 15-16절을 통해 명확해진다.[7]

그러나 시편 저자는 하나님의 성품을 묘사하는 일을 아직 마치지 않았다. 그는 13b에서 이 주제를 계속 이어나간다.

> [13b] 주님은 그의 모든 말씀에 모두 신실하시며
>
> 그 모든 업적에 긍휼이 많으시며
>
> [14] 여호와께서는 모든 넘어지는 자들을 붙드시며
>
> 짓눌린 자들을 일으키시는도다(13b-14절).

시편 저자는 13b의 첫 번째 행에서 출애굽기 34:6의 다섯 번째

---

7   시 104:21, 27-28; 참조. 마 6:26.

신적 속성 ─ 8절에서 생략된 ─ 을 이어받는다. 그리고 그는 두 번째 행에서 다섯 가지 중 첫 번째 속성인 "긍휼"(이미 8절에서 등장한 단어)을 다시 반복한다. 여기서 이 속성들의 범위는 또다시 보편적이다. 하지만 앞에서 이 속성들은 하나님은 그의 **모든** 말씀에 신실하시며 그의 **모든** 행동에 있어 자비로우시다라는 주장에서 표현된다. 하나님은 신실하심과 은혜 ─ 그리고 함축적으로 또한 자비와 인내와 변함없는 사랑 ─ 외에 결코 다른 방식으로 행동하지 않으신다. 그리고 14절에서 시편 저자는 하나님의 능동적인 신실하심과 은혜의 수혜자들 가운데는 모든 취약한 자들과 고통받는 자들이 포함된다는 점을 강조한다. 이어지는 절들은 다른 여러 가지 방식으로 그의 모든 피조물에 베풀어지는 하나님의 선하심을 묘사한다.

　　시편 저자는 하나님의 성품 묘사에 대한 두 가지 반향(8-9절, 13b절) 사이에 하나님 나라를 찬양하는 내용 ─ 모든 피조물을 다스리시는 하나님의 우주적이며 영원한 통치(10-13a절) ─ 을 삽입했다. 이 구절들에서 이 하나님 나라는 우리가 강력한 제국에 기대하는 특성들, 곧 영화, 세력, 찬란함, 위대한 업적을 지니고 있다. 그러나 하나님이 어떻게 통치하시는지를 추가로 설명하기 위해 시편 저자는 하나님의 은혜, 자비, 인내, 변함없는 사랑(인자하심), 신실하심을 환기시키는 하나님 나라에 대한 찬양을 중심에 두고 출애굽기 34:6에 기록된 하나님의 성품 묘사를 활용하여 이를 감싼다. 이것들은 하나님의 의지를 묘사하는 핵심 성품이다. 이 시편 안에 담긴 이 메시지의 중요성과 더불어 하나님 나라에 대한 이러한 이해는 예수의 하나님 나라 선포에 대한 성경적 배경의 일부분을 차지한다. 이 시편 대부분을 통해 일관되게 강조된 모든 피조물을 향한 하나님의 선하심에 이어 20절은 적어도 현대인의 귀에는 상당히 거슬리는 결론처럼 보인다.

> 여호와께서 자기를 사랑하는 자들은 다 보호하시고
>
> 악인들은 다 멸하시리로다(20절).

시편 저자는 여기서 출애굽기 34:6의 하나님의 성품 묘사에서 34:7의 하나님의 특징적인 행동으로 옮겨갔다. "인자를 천대까지 베풀며…그러나 벌을 면제하지는 아니하고."[8] 하나님의 선하심은 그가 악을 무한정 묵인하실 것임을 의미하지 않는다. 자신의 악행을 회개하지 않을 자들은 마침내 그 악행으로 인해 멸망

---

8   다음을 보라. 출 20:6: "나를 사랑하고 내 계명을 지키는 자에게는 천 대까지 은혜를 베푸느니라."

140

할 수밖에 없다. 창조세계 전체를 향한 그의 선하심을 진정으로, 그리고 궁극적으로 나타내시기 위해 하나님은 그 세계에서 그 어떤 폐물이라도 제거해야 하고, 그 선함을 파괴하셔야만 한다. 이상적으로는 회개를 통해서겠지만 만약 필요하다면 심판을 통해서라도 말이다. 나훔과 요나도 이것을 알고 있었다. 하지만 중요한 것은 이 심판의 요소가 오직 이 시편의 나머지 부분에서 모든 피조물을 향한 하나님의 선하심을 압도적으로 확인한 이후에야 비로소 나온다는 점이다. 이 시편이 하나님의 성품의 긍정적인 측면과 그의 모든 피조물에 가장 선한 것을 베푸시려는 소원의 보편성에 초점을 맞추듯이 우리도 오직 그 부분에 열심히 집중할 때만 하나님이 악을 어떻게 다루시는지에 대한 올바른 관점을 얻을 수 있다.

결론: 구약성경

우리는 구약성경 안에서 시내산에서 모세에게 주어진 하나님의 성품 계시가 어떻게 규범적으로 주어졌으며, 또 어떻게 새롭게 해석되고 발전했는지를 살펴보았다. 이 계시는 예언자들과 시편 저자들이 그 계시를 반추하는 가운데 그 의미에 대한 추가적인 통찰이 주어졌다. 가장 중요한 점은 출애굽기 34장에서는 오직 하나님과 그의 언약 백성의 관계가 요점인 반면, 다른 본문들에서는 그 문맥이 모든 민족과 심지어 모든 피조물로 확대되었다는 것이다. 우리는 하나님에 대한 묘사에서 핵심 용어들이 관계적이라는 점을 기억한다. 이 용어들은 하나님이 사람들을 어떻게 다루시는지를 가리킨다. 우리가 예언서와 시편에서 고려한 본문에서 분명해진 것은 이러한 묘사들이 하나님께서 자신의 신실하심과 특별한 돌보심과 자비를 약속하셨던 언약 백성을 다루심에 있어서뿐 아니라, 그의 백성이 아니거나 아직 아닌 다른 모든 민족을 다루심에 있어서도 규범적이라는 점이다. 그러나 하나님의 성품은 일관성이 있다. 선택받은 하나님의 백성에게 초점을 맞추는 구약성경 저자들은 만약 이것이 하나님의 모습이라면 이것이 바로 그분이 모든 민족과 모든 피조물을 다루시는 방법일 것이라고 본다.

예수 안에서 드러난 하나님의 성품

구약성경에 나타난 하나님의 성품 묘사가 이토록 중요한데, 만약 신약성경 저자들이 이것을 무시한다면 그것은 놀라운 일일 것이다. 사실 신약성경에는 출애굽기 34:6-7에 대한 명시적인 언급이 몇 군데 있지만, 그 가운데 예수 그리스도 안에서 나타난 하나님의 계시와 중요하게 연결되어 있는 본문이 하나 있다. 그 것은 바로 요한복음의 프롤로그다.

요한복음 프롤로그의 주된 기능은 복음서 독자들이 구약성 경에서부터 시작하여 복음서 나머지 부분에 기록된 예수의 이야 기를 어떻게 이해해야 하는지를 보여주는 것이다. (따라서 이 프롤 로그는 토라의 맨 첫 표현인 "태초에"에 대한 반향으로 시작하며, 창 1장에 대한 추가적인 언급으로 이어진다.) 현재 우리의 관심사와 관련된 핵 심 본문은 프롤로그의 결말 부분이다.

> [14] 말씀이 육신이 되어 우리 가운데 거하시매 우리가 그의 영광을 보니 아버지의 독생자의 영광이요 은혜와 진리가 충만하더라.… [16] 우리가 다 그의 충만한 데서 받으니 은혜 위에 은혜러라. [17] 율법 은 모세로 말미암아 주어진 것이요 은혜와 진리는 예수 그리스도 로 말미암아 온 것이라. [18] 본래 하나님을 본 사람이 없으되 아버지 품 속에 있는 독생하신 하나님이 나타내셨느니라(요 1:14, 16-18).

모세에 대한 이 언급들은 우리를 출애굽기로 인도한다. 요한은 여기서 모세의 율법에 대해 매우 긍정적이다. 그의 백성에게 보여주신 하나님의 은혜는 시내산 언약에 표현되었다. 따라서 말씀의 성육신과 예수 안에 나타난 하나님의 계시는 "은혜 위에 은혜"(16절)라고 불릴 수 있고, 그 의미는 "이 시내산의 은혜에 추가로 주어진 은혜"다. 하지만 옛 언약에는 한계가 있었다. 우리가 "본래 하나님을 본 사람이 없으되"라는 말씀을 읽을 때 우리는 하나님의 얼굴을 볼 수 없었던 모세를 떠올릴 수밖에 없다(출 33:23). 요한이 아무도 하나님을 본 사람이 없다고 말할 때 그는 구약성경에서 하나님의 환상이 특별한 일부 개인에게 주어졌다는 사실을 부인하지 않는다.[9] 이는 그들이 하나님의 얼굴을 보지 못했다는 것을 의미한다. 우리가 출애굽기 33장을 다룰 때 관찰했듯이 우리는 어떤 사람의 얼굴에서 그 사람이 어떤 사람인지를 실제로 보게 된다. 따라서 요한의 진술에 담긴 함의는 아무도 하나님이 어떤 분인지를 본 사람이 없다는 것이다. 모세에게 주어진 것처럼 영광의 순간적인 섬광은 있었어도 오직 그분의 얼굴만이 보여줄 수 있는 하나님의 정체성에 대한 통찰은 없었다. 우리는 모세가 하나님이 누구신지에 대해서는 들었지만, 그의 얼굴을 보지 못했다는 것을 기억한다. 심지어 하나님과의 그 놀라운 만남의 순간에도 하나님은 모세의 눈을 가려 자신을 보지

---

9   예. 출 24:9-11; 왕상 22:19-22; 사 6:1-4; 겔 1:4-28; 10:1-22; 단 7:9-10.

못하게 하면서 자신을 숨기셨다(출 33:22).

모세가 하나님을 볼 수 없었던 사건은 요한복음 1:14의 말씀과 대조를 이룬다. "말씀이 육신이 되어…우리가 그의 영광을 보니." 이 절에서 "우리"는 목격자들, 곧 육체를 가진 예수를 실제로 보고 육체를 입은 예수의 인격과 삶에 나타난 신적 영광을 보는 영적인 통찰이 주어진 예수의 제자들이다. (따라서 14절의 "우리"는 16절의 "우리가 다"와 같지 않다. 후자는 모든 기독교 신자들이다.) 예수는 그의 아버지의 외아들이기 때문에 이 목격자들이 본 "그의" 영광은 투사된 그의 아버지의 영광이다. 그것은 "은혜와 진리가 충만한, 아버지로부터 온 독생자의 영광"이었다.

우리는 출애굽기 34:6에 대한 암시를 즉시 인식하지 못할 수도 있다. 이에 해당하는 말씀은 다음과 같다.

인자와 신실함이 많은(라브-헤세드 베-에메트)
은혜와 진리가 충만한(플레레스 카리토스 카이 알레테이아스)

하나님의 성품 묘사에 대한 구약성경의 많은 암시처럼 요한은 다섯 가지 성품 중 두 가지를 선택하여 이를 요약했다. 하지만 그는 "은혜와 진리가 충만한"이란 어구에서 성품 묘사의 마지막 부분 ─ "인자와 신실함이 많은" ─ 의 구조를 따랐다. "신실함"(에메트)이라는 히브리어 단어는 종종 그리스어 성경에서 알레테이아("진리/진실")로 번역된다. 신실함은 자신의 말에 진실하다는 것이다. 신실함은 어떤 개인적인 특성으로서 진실을 가리킨다. 요한은 헤세드 곧 "변함없는 사랑"에 대해서는 카리스 곧 "은혜"라는 그리스어 단어를 사용하는데, 이는 특이한 번역이긴 하나 결코 불가능한 번역은 아니다.[10] 요한은 단순히 헤세드를 번역하기보다는 첫 네 가지 성품, 곧 자비로움, 은혜로움, 노하기를 더디 함, 변함없는 사랑을 모두 요약하기 위해 이 단어를 선택했을 수도 있다. 이 네 가지 성품은 모두 그의 백성에 대한 하나님의 관대하심에 해당하며, 그것이 "은혜"가 지닌 의미다. 요한은 예수가 그의 인격과 삶에서 하나님의 성품 — 은혜와 진리의 풍성함 — 을 나타냈다고 말하고 있는 것이다. 모세가 듣긴 했어도 보지 못했던 것을 예수가 눈에 보이게 한 것이다. "우리가 그의 영광을 보니"(요 1:14).

요한은 모세의 율법을 "은혜"로, 성육신을 "은혜에 더해진 은혜"로 묘사했다. 그러나 그는 또한 율법을 예수 그리스도와 대조한다. "율법은 모세로 말미암아 주어진 것이요 은혜와 진리

---

10   그리스어 성경에서 "헤세드"는 주로 "엘레오스"로 번역된다. "카리스"는 에 2:9, 17; 집회서 7:33; 40:17에서 사용된다.

는 예수 그리스도로 말미암아 온 것이라[에게네토, *egeneto*]"(요 1:17). 동사 에게네토는 여기서 "일어났다" 또는 "발생했다"와 같은 것을 의미한다. 신적 성품 —"인자와 신실함" 또는 "은혜와 진리" — 이 예수 안에서 발생했다. 예수의 존재와 그의 이야기는 행동으로 나타내 보이신 하나님의 변함없는 사랑과 신실하심이었다.

"아버지 품속에 있는 독생하신 하나님이 [그를] 나타내셨"다(요 1:18b). 어느 인간도, 심지어 모세조차도, 거룩한 광채의 얼굴을 지니신 하나님을 보지 못했다. 하지만 아버지와 홀로 가까이 계시며, 하나님의 무한한 선하심을 표현하는 얼굴을 바라보는 그 독생자만이 그를 나타내셨다. 우리는 마지막 어구를 "그를 묘사했다[엑세게사토, *exēgēsato*]"라고 번역할 수도 있다. 기원전 3세기에 벤 시라라는 위대한 유대 현자는 그의 독자들에게 온 힘을 다해 주님을 영화롭게 할 것을 촉구했다. 왜냐하면 그들은 하나님의 형언할 수 없는 위대하심에 결코 비길 수 없었기 때문이다.

> [30] 주님께 영광을 드리고 그분을 높이 받들어라.
> 아무리 높이 받들어도 그분께서는 그보다 더 높으시다.
> 그분을 높이 받들 때 네 온 힘을 다하고 지치지 마라.

아무리 찬미하여도 결코 다하지 못한다.

³¹ 누가 그분을 뵙고 정확하게 묘사할 수 있으며

누가 그분께 맞갖은 찬양을 드릴 수 있겠느냐?(집회서 43:30-31, 공동번역)

물론 "누가 그분을 뵙고 정확하게 묘사할 수 있"을까?라는 벤 시라의 질문은 수사학적 질문이지만, 요한은 사실상 이 질문에 답변한다. 오직 절대적으로 유일하신 분만 그를 보았고 그를 그렇게 묘사할 수 있다. 그 묘사가 바로 예수의 삶과 죽음과 부활이다. 이 복음서는 누구든지 예수를 본 자는 아버지를 보았다고 여러 번 말한다(요 12:45; 14:9). 이 복음서의 놀라운 메시지는 눈에 보이는 육체만이 그것을 사실로 만들 수 있다는 것이다.

따라서 모세가 하나님이 직접 말씀으로 묘사하는 것을 들은 하나님의 성품은 "은혜와 진리가 풍성한", 눈에 보이는 예수의 몸과 삶과 죽음으로 묘사된다. 요한복음 나머지 부분에서 "진리/진실"은 예수에게 종종 부여되는 신적 속성이다. 예를 들어 그는 "길이요 진리요 생명이"다(14:6). 그러나 "은혜"(카리스)라는 단어는 프롤로그 이후에는 단 한 번도 사용되지 않는다. 요한은 프롤로그의 세 절 사이에서 이 단어를 네 번 사용하지만("은혜와 진리", "은혜 위에 은혜", "은혜와 진리"), 그 이후로는 단 한 번도 사용하지 않는다. 만약 프롤로그에서 "은혜"가 하나님에 대한 묘사의 그 첫 네 가지 성품(자비로움, 은혜로움, 노하기를 더디 함, 변함없는 사랑)을 요약하고, 그 묘사가 예수 안에서 나타났다면 요한이 "은혜"라는 단어의 사용을 중단하고 복음서의 나머지 부분에서 두 번 다시 사용하지 않은 것은 이상해 보인다.

그 이유는 "사랑"(아가페)이란 단어가 요한이 하나님이 어떤 분이신지를 요약하는 단어를 대체했기 때문이다. 그는 복음서 이야기의 그 유명한 요약문에서 처음으로 동족 동사(아가파오)를 사용한다. "하나님이 세상을 이처럼 사랑하사 독생자를 주셨으니 이는 그를 믿는 자마다 멸망하지 않고 영생을 얻게 하려 하심이라"(3:16). 이것은 자비로우시고 관대하시고 은혜가 풍성하신 하나님의 성품이 복음서에 서술된 사건들에서 행동으로 나타난다는 것을 의미한다. 요한은 "사랑"(아가페)이라는 명사를 자주(일곱 번) 사용하진 않지만, "사랑하다"(아가파오)라는 동사는 자주(서른일곱 번) 사용한다. 그의 복음서는 행동으로 나타나는 하나님의 사랑에 관한 것이다. "카리스"(은혜)라는 단어는 은혜와 진리가 행동으로 나타나는 모든 것, 즉 예수의 이야기 안에서 나타나는 하나님의 사랑을 묘사하는 데 필요한 동사를 그에게 제

공해주지 않았을 것이다.[11]

　왜 요한이 이를테면 프롤로그의 "은혜"를 복음서 나머지 부분에서 "사랑"으로 번역했는지를 설명하는 또 다른 좋은 이유가 있다. 성육신은 하나님의 성품을 가시적으로, 곧 예수라는 사람이라는 구체적인 인격과 삶과 죽음으로만 계시한 것이 아니다. 성육신은 아버지와 아들 간의 사랑의 관계와 아버지의 품속에 있는 외아들을 향한 아버지의 사랑과 아버지를 향한 아들의 사랑도 계시했다.[12] 다시 말해 성육신은 출애굽기 34장에서처럼 이 세상과의 관계에서 하나님의 모습을 계시할 뿐만 아니라, 그분의 내적인 모습도 계시한다. 하나님과 아들의 이러한 영원한 사랑이 아들의 성육신과 이 세상을 위한 죽음에서 이 세상을 향해 넘쳐 흐르는 하나님의 사랑의 원천이다. 하나님은 피조물과의 관계에서뿐만 아니라 그 자신 안에서도 사랑이시다. 하나님은 자신 안에서 영원히 사랑이시므로 피조물과의 관계에서도 사랑이시다.

11　신약성경에서 가끔 사용되는 "카리조마이"라는 단어는 무언가를 "부여하거나" "용서하는" 것을 의미한다. 따라서 "카리스"는 바울 서신에서 종종 사용되는 반면, "카리조마이"는 거의 등장하지 않는다.

12　요 1:18; 5:20; 10:15; 14:31; 17:24.

출애굽기 34:6-7과 관련 본문에 관하여

Mark J. Boda, *The Heartbeat of Old Testament Theology: Three Creedal Expressions* (Grand Rapids: Baker Academic, 2017), 3장.

Walter Brueggemann, *Theology of the Old Testament: Testimony, Dispute, Advocacy* (Minneapolis: Fortress, 1997), 5장.

Thomas B. Dozeman, "Inner-Biblical Interpretation of Yahweh's Gracious and Compassionate Character," *Journal of Biblical Literature* 108 (1989): 207-23.

R. Walter L. Moberly, *At the Mountain of God: Story and Theology in Exodus 32-34*, Journal for the Study of the Old Testament Supplement Series 22 (Sheffield: Sheffield Academic, 1983).

헤세드(변함없는 사랑)에 관하여

Michael Card, *Inexpressible: Hesed and the Mystery of God's Lovingkindness* (Downers Grove, IL: IVP Books, 2018).

Gordon R. Clark, *The Word "Hesed" in the Hebrew Bible*, Journal for the Study of the Old Testament Supplement Series 157 (Sheffield: Sheffield Academic, 1993).

Katharine Sakenfeld, *The Meaning of Hesed in the Hebrew Bible: A*

New Inquiry, Harvard Semitic Monographs 17 (Missoula, MT: Scholars Press, 1978).

출애굽기 34장과 요한복음의 프롤로그에 관하여

Alexander Tsutserov, *Glory, Grace, and Truth: Ratifcation of the Sinaitic Covenant according to the Gospel of John* (Eugene, OR: Pickwick, 2009).

출애굽기 34:6-7에 대한 암시

출애굽기 34:6 병행 본문	출애굽기 34:7 병행 본문
민수기 14:18	출애굽기 20:5-6
역대하 30:9	**민수기 14:18**
느헤미야 9:17, 31	신명기 5:9-10
시편 25:6	신명기 7:9-10
시편 77:8-9	열왕기상 8:23
시편 78:38	역대하 6:14
시편 85:10-11	느헤미야 1:5
시편 86:5, 15	느헤미야 9:32
시편 103:8	예레미야 32:18
시편 106:45	다니엘 9:4
시편 111:4	**나훔 1:3**
시편 116:5	
시편 145:8, 13	
이사야 63:7	
예레미야애가 3:32	
호세아 2:19-20	
요엘 2:13	
요나 4:2	
나훔 1:3	
요한복음 1:14	
로마서 2:4	
에베소서 2:4	
야고보서 5:11	

주. 출 34:6-7의 두 절과 모두 평행을 이루는 구절은 볼드체로 표기했다. 나는 이 본문들의 저자들이 반드시 출 34:6-7에 의존했다고 제안하지 않는다. 그들은 이 하나님의 성품 묘사를 다른 방법으로 알게 되었을 수도 있다.

4장

삼위일체의 계시

본 장에서 우리는 마가복음에 기록된 중요한 세 가지 계시의 순간에 초점을 맞추고자 한다. 이 세 가지 계시의 순간은 마가가 서술하는 예수 이야기의 중요한 시점에서 발생한다. 첫 번째 순간은 복음서 이야기의 도입부이자 예수 자신이 등장하는 첫 번째 일화에서 예수가 세례를 받을 때 본 환상에서 나타난다(1:9-11). 그중 마지막 순간은 예수가 숨을 거둘 때, 즉 복음서 결말에 성소의 휘장이 찢어지고 백부장의 고백이 나오는 장면에서 일어난다(15:37-39). 두 번째 순간은 일반적으로 이야기의 중반부로 여겨지는 시점에 예수가 높은 산 위에서 변형된 사건에서 나타난다(9:2-8). 이것들은 이 복음서에 기록된 유일한 계시의 순간이 아니다. 예를 들면 복음서 결말 부분에서 천사가 무덤에서 여인들에게 전하는 메시지도 있다(16:6-7). 하지만 내가 나열한 이 세 가지 중요한 순간은 마가에 의해 특별히 부각되고, 마가복음 이야기에 담긴 주된 의미가 분명하게 드러나도록 일련의 사건으로 서로 연결되어 있다.

계속 진행하기에 앞서 세 본문을 모두 먼저 제시하는 것이 좋을 것 같다.

세례받을 때 본 환상(막 1:9-11)

⁹ 그때에 예수께서 갈릴리 나사렛으로부터 와서 요단강에서 요한
에게 세례를 받으시고 ¹⁰ 곧 물에서 올라오실새 하늘이 갈라짐과
성령이 비둘기 같이 자기에게 내려오심을 보시더니 ¹¹ 하늘로부터
소리가 나기를 "너는 내 사랑하는 아들이라. 내가 너를 기뻐하노
라" 하시니라.

변용(막 9:2-8)

² 엿새 후에 예수께서 베드로와 야고보와 요한을 데리시고 따로 높
은 산에 올라가셨더니, 그들 앞에서 변형되사 ³ 그 옷이 광채가 나
며 세상에서 빨래하는 자가 그렇게 희게 할 수 없을 만큼 매우 희
어졌더라. ⁴ 이에 엘리야가 모세와 함께 그들에게 나타나 예수와
더불어 말하거늘 ⁵ 베드로가 예수께 고하되 "랍비여, 우리가 여기
있는 것이 좋사오니 우리가 초막 셋을 짓되 하나는 주를 위하여,
하나는 모세를 위하여, 하나는 엘리야를 위하여 하사이다" 하니
⁶ 이는 그들이 몹시 무서워하므로 그가 무슨 말을 할지 알지 못함
이더라. ⁷ 마침 구름이 와서 그들을 덮으며 구름 속에서 소리가 나

되 "이는 내 사랑하는 아들이니 너희는 그의 말을 들으라" 하는지라. [8] 문득 둘러보니 아무도 보이지 아니하고 오직 예수와 자기들 뿐이었더라.

백부장의 고백(막 15:37-39)

[37] 예수께서 큰 소리를 지르시고 숨지시니라. [38] 이에 성소 휘장이 위로부터 아래까지 찢어져 둘이 되니라. [39] 예수를 향하여 섰던 백부장이 그렇게 숨지심을 보고 이르되 "이 사람은 진실로 하나님의 아들이었도다" 하더라.

이 세 이야기는 여러 가지 특징으로 서로 연결된다(본 장 끝의 도표 4.2를 보라). 첫 두 이야기에서 우리는 하나님의 음성을 듣는다(마가복음에서 유일하게 하나님 자신이 말씀하시는 장면이다). 이 두 경우에서 모두 하나님은 예수를 그의 "사랑하는 아들"(마가복음의 이 두 본문에서만 사용된 표현)로 언급하신다. 이 두 표현은 모두 예수가 하나님의 아들이라는 선언이며, 세 번째 본문에서도 마찬가지다. 거기서는 예수가 하나님의 아들임을 선언하는 자가 하나님이 아니라 십자가 처형 장면을 목격한 백부장이다. 따라서 세 번째 경우에는 차이점이 있지만, 이 세 장면은 모두 하나님의 아들이라는 예수의 정체성을 계시한다.

이러한 관찰은 예수의 세례와 변용 사건은 서로 밀접하게 연관되어 있지만, 세 번째 계시의 순간은 덜 긴밀하게 연결되어 있음을 암시한다. 하지만 마가는 또한 첫 번째와 마지막 계시의 순간을 하나로 밀접하게 연결하는 방식으로 서술한다. 예수는 세례를 받을 때 환상을 통해 하늘이 "갈라지는" 것을 본다. 이것은 매우 이례적인 표현이다. 성경에서는 종종 하늘이 열릴 때 환상이 나타난다.[1] 사실 마태와 누가는 예수가 세례를 받을 때 본 환상을 묘사하면서 "갈라짐" 대신 "열림"이란 단어를 사용한다 (마 3:16; 눅 3:21). 그러나 마가는 이처럼 하늘이 갈라지는, 눈에 띄게 폭력적인 이미지를 사용한다. 그가 사용한 그리스어 동사 "스키조"(schizō)는 신약성경에서 오직 열한 번 사용되고, 마가복음에는 두 번, 즉 여기서 한 번, 그리고 다시 15:38에서 한 번 사용된다. 그는 15:38에서 예수가 죽을 때 성전에서 휘장이 둘로 찢어지는 기상천외한 사건을 묘사하는 데 같은 동사를 사용한다. 따라서 이것은 1:10에 대한 의도적인 반향, 즉 이 두 사건 간의 연관성을 어휘적으로 암시하는 것일 수밖에 없다.

---

1   겔 1:1; 요 1:51; 행 7:56; 10:11; 계 19:11.

첫 번째와 마지막 계시의 순간 사이에는 "프뉴마"(*pneuma*, 영)라는 단어로 또 다른 어휘적 연관성이 나타난다. 세례를 받을 때 예수는 성령이 그에게 내려오고 하나님이 그를 그의 "사랑하는 아들"이라고 부르는 것을 본다. 마가는 예수가 숨을 거두는 순간을 "프뉴마"와 관련된 동사를 사용하여 묘사한다. 15:39에서 그는 예수가 숨을 내쉬었다(*exepneusen*; 동사 *ekpneō*에서 유래함)라고 말한다. (영어 단어 "spirit"[영]과 "expired"[숨을 내쉬다]는 서로 비슷하게 연관되어 있다.) NRSV는 15:39에서 이 동사를 "그가 그의 마지막 숨을 내쉬었다"라고 번역한다. "프뉴마"의 기본 의미는 "숨"이며, 따라서 동사 "에크프네오"(*ekpneō*)는 "숨을 내쉬다"를 의미한다. 예수는 그의 마지막 숨을 내쉬었고, 목숨이 그를 떠났으며, 예수가 숨을 거둔 것을 본(마가가 강조하듯이) 백부장은 그가 하나님의 아들임을 선언했다(15:39). "스키조"처럼 "에크프네오" 동사도 상당히 이례적이다. 마가는 이 동사를 오직 여기서만 사용하고, 이 동사는 신약성경의 다른 본문에서 단 한 번만 등장하는데, 그것이 바로 누가가 예수의 죽음을 묘사할 때다(23:46). 마가는 아마도 "프뉴마"와 "엑세프네우센"(*exepneusen*)이란 단어를 통해 예수의 세례 환상과 그의 죽음 사이에 이러한 어휘적 연관성을 의도했을 것으로 보인다.

마가는 이 세 계시의 순간을 그의 이야기의 전체 구조를 형성하는 일련의 사건으로 소개한다. 첫 번째와 마지막 계시의 순간은 복음서 이야기의 대부분을 둘러싸고 있지만, 두 번째 계시의 순간은 의미심장하게 중간 지점에서 나타난다(본 장 끝의 도표 4.1을 보라).

세례받을 때 본 환상

예수의 세례와 환상에 대한 마가의 이야기는 이 복음서에서 예수의 첫 번째 출현뿐만 아니라 삼위일체의 세 인격(위격) 모두의 출현을 서술한다. 나는 의도적으로 여기서 마가가 그 당시 미처 인식하지 못했을 후대의 신학 용어를 사용한다. 하지만 나는 이러한 표현이 이 이야기에 대한 정당한 독법을 제시한다고 생각한다. 이것은 삼위일체와 관련된 사건이다. 이것은 영원 속에 또는 하늘에 계신 삼위일체에 대한 정적인 묘사가 아니다. 오히려 이것은 마가복음이 전하는 삼위일체에 관한 이야기의 시작이다. 성경의 이야기에서 하나님은 바로 이 시점까지 삼위일체로 인식된 적이 없다. 왜냐하면 하나님은 구약의 이야기에서 자신을 삼위일체로 계시하는 방식으로 행동하지 않으셨기 때문이다. 그리스도인들은 구약성경에서 삼위일체에 대한 힌트를 종종 발견했지만, 그 당시에는 삼위일체가 그렇게 나타나 보일 수 없었다. 초기 그리스도인들이 하나님을 삼위일체로 이해하게 된 계기는 예수의 이야기, 즉 마가복음과 다른 복음서들이 전한 이야기 때문이다. 왜냐하면 여기서 하나님은 예수를 통해 자신을 드러내 보이셨기 때문이다. 삼위일체 안에 계신 성부와 성자의 영원한 관계가 이제 인간 예수 그리고 그와 아버지의 관계를 통해 지상에서 그 모습을 드러냈으며, 하나님의 영은 예수에게 능력을 부여하고 예수가 친히 그의 제자들에게 주신 성령으로 알려졌다.

따라서 예수가 사역을 시작하는 이야기에서 이 세 분의 신적 존재가 모습을 드러낸다. 이 이야기는 이 땅에서 전개되지만 하늘에서부터 시작된다. 예수는 하늘이 갈라지는 것을 본다. 그는 성경에서 환상을 보는 일부 예언자처럼 하늘을 바라보지 않는다. 그는 하늘에 있는 하나님의 보좌를 보지 않는다. 그가 본 것은 비둘기의 형태로 하늘에서 내려오는 하나님의 영이다. 마가가 묘사하는 환상에 관해서는 두 가지 질문이 제기된다. 첫째, 일반적으로 이러한 환상은 예수가 하늘이 "열린" 것을 보았다고 묘사되는데, 그는 왜 1:10에서 "갈라짐" 또는 "찢어짐"(*schizomenous*)이라는 단어를 사용한 것일까? 예언자 에스겔이 본 환상은 그가 하늘이 열린 것을 볼 때 나타났다(겔 1:1). 예수가 하나님의 우편에 계신 것을 본 스데반의 환상은 하늘이 열리고 그가 하늘을 바라볼 수 있을 때 나타났다(행 7:56). 베드로는 꿈에서 하늘이 열리고 어떤 물건이 땅으로 내려오는 것을 보았다(행 10:11). 그리고 요한계시록에서 예언자 요한은 하늘의 문이 열린 것을 보았고, 하늘로 올라갈 수 있었다(계 4:1). 그렇다면 마가는 왜 이러한 평범한 용어를 사용하지 않은 것일까? 이에 대한 답변은 예언서의 한 본문인 이사야 63:15-64:1에 있다.

마가는 그의 서문에서 이미 그의 이야기가 이사야 예언의 성취임을 시사했다.[2] 이사야의 후반부(40장 이후부터)는 아마도 초기 그리스도인들에게 성경의 가장 중요한 부분이었을 것이다. 이 본문에서 예언자 이사야는 하나님이 마치 이스라엘 백성을 버리신 것처럼 보일 만한 상황에서 이스라엘 안에 있는 신실한 자들을 대변했다. 그는 하나님이 출애굽이라는 극적인 사건들을 통해 이스라엘을 구원하신 방법을 상기시켰으며, 그와 같은 일을 다시 한번 행하실 것을 하나님께 간청한다.

[15] 주여, 하늘에서 굽어살피시며

주의 거룩하고 영화로운 처소에서 보옵소서.

주의 열성과 주의 능하신 행동이 이제 어디 있나이까?

---

2   막 1:2-3. 이것은 사 40:3과 말 3:1 을 결합한 인용문이다.

주께서 베푸시던 간곡한 자비와 사랑이 내게 그쳤나이다.

¹⁶ 주는 우리 아버지시라.

아브라함은 우리를 모르고 이스라엘은 우리를 인정하지 아니할지라도

여호와여, 주는 우리의 아버지시라.

옛날부터 주의 이름을 우리의 구속자라 하셨거늘

¹⁷ 여호와여, 어찌하여 우리로 주의 길에서 떠나게 하시며

우리의 마음을 완고하게 하사 주를 경외하지 않게 하시나이까?

. . . .

¹⁹ 우리는 주의 다스림을 받지 못하는 자 같으며

주의 이름으로 일컬음을 받지 못하는 자 같이 되었나이다(사 63:15-17a, 19).

¹ 원하건대 주는 하늘을 가르고 강림하시고

주 앞에서 산들이 진동하[게 하옵소서](64:1).

모세의 시대에 하나님은 시내산에 강림하셨고 산들은 진동했다 (시 68:7-8; 합 3:6, 10). 이 예언자는 하나님께 그때처럼 다시 한번 우리를 위해 무언가를 행하셔야 한다고 말한다. 그는 하나님이 다시 한번 그의 백성을 구속하기 위해 권능으로 강림하시기를 원한다. 하늘이 갈라지는 이미지는 여기서 적절하다. 왜냐하면

그 이미지는 이 세상에 하나님의 능력이 강하게 나타나는 것을 암시하기 때문이다.

따라서 마가가 그 같은 이미지를 사용할 때 이것은 예언자의 기도가 마침내 이루어지고 있음을 의미하는 것이다. 사람들은 더 이상 그들과 함께하는 하나님의 강력한 임재를 놓칠 수 없다. 물론 산들은 진동하지 않는다. 마가가 서술하는 이 출애굽의 **새로운** 형태는 그들이 전혀 예상했던 것이 아니며, 오직 예수만이 지금 무슨 일이 벌어지고 있는지를 알고 있다. 그러나 하나님은 하늘에서 내려오셨다. 인간 예수, 곧 하나님의 아들이 사역을 위해 하늘로부터 보냄을 받은 성령의 능력을 힘입은 것처럼 하나님도 다시 한번 그의 백성 가운데 강력하게 임재해 계신다.

우리가 예수가 환상을 통해 본 것에 대해 던져야 할 두 번째 질문은 비둘기에 관한 것이다. 예수는 성령이 그의 위에 비둘기 같이 내려오는 것을 본다. 이것은 성령이 비둘기 같다는 것을 의미할까? 아니면 성령이 비둘기의 모양으로 내려오는 것을 의미할까? 주석가들은 동의하지 않지만, 아마도 마가는 예수가 비둘기 형태의 성령을 본 것을 의미했을 것이다. 그렇지 않다면 예수가 어떻게 성령을 보았겠는가?

이 문맥에서 성령이 새(bird)로 표현되었다는 것은 쉽게 이해할 수 있다. 새는 하늘에서 땅까지 먼 거리를 날아 예수의 머리 위에 내려 앉을 수 있다. 그렇다면 왜 비둘기일까? 비둘기는 성경이나 제2성전기 문헌 그 어디에서도 성령을 가리키는 상징이 아니다. 랍비 문헌에서 성령이 비둘기와 비교되는 본문이 단 하나 있는데, 그것이 바빌로니아 탈무드다. 창세기 1장을 주석한 랍비로 잘 알려진 시몬 벤 조마(Shimon ben Zoma)는 "하나님의 영이 수면 위를 맴돌았다"(창 1:2b)[3]는 본문을 언급하며 다음과 같이 주해했다고 알려져 있다. "실제로 자기 새끼를 건드리지 않으면서 그 위를 맴도는 비둘기처럼"(b. Ḥag. 15a). 이 주해는 성전이 여전히 건재하던 때(즉 기원후 70년 이전에) 이루어진 것으로 알려져 있지만, 실제로 벤 조마가 그 당시 이 말을 발설했는지는 결코 확실하지 않다. 만약 예수가 세례를 받을 때 나타난 이 비둘기가 창세기 1:2b에 묘사된 성령과 연관될 수 있다면 그 의미는 예수 위에 내려온 성령이 새 창조 사역, 즉 원 창조 때 활동했던 그 성령이 온 만물을 새롭게 하는 사역을 시작하는 것이다. 하지만 이 이야기 안에는 새 창조에 관한 주제를 암시하는 내용이 전혀 없다.

어쩌면 이 특정한 종류의 새는 아무런 의미가 없을 수도 있다. (비둘기는 팔레스타인에서 흔히 볼 수 있는 새다.) 그러나 나는 이

3　이것은 벤 조마의 주해를 전제하여 번역한 것이다.

장의 내용을 준비하는 가운데 나만의 새로운 사변적인 견해를 갖게 되었다. 비둘기를 가리키는 히브리어는 "요나"(yônāh)다. 성경을 읽는 독자들에게 "비둘기"를 의미하는 요나라는 이름은 매우 친숙하다. 이 단어는 하나님의 이름, 즉 신명사문자(יהוה, 요드, 헤, 바브, 헤)처럼 네 개의 히브리어 문자(יונה, 요드, 바브, 눈, 헤)로 구성되어 있다. 그중 세 문자는 하나님의 이름의 세 문자와 같으며, 하나님의 이름과 거의 같다. 2장에서 우리는 불타는 떨기나무 이야기에서 히브리어 단어 "에흐예"('ehyeh, "나는 ~이다" 또는 "나는 ~가 될 것이다"를 의미함)와 하나님의 이름(YHWH) 사이에 언어유희가 존재한다는 점을 발견했다. "에흐예"('ehyeh)라는 단어는 하나님의 이름과 네 개의 문자(알레프, 헤, 요드, 헤) 중 세 문자가 같다. 따라서 나는 유대인들이 더 이상 하나님의 이름을 발음하지 않고 글로 쓰기만 하던 시기에는 하나님의 이름과 "비둘기"를 가리키는 히브리어 단어 사이에 연관성을 발견하기가 수월했을 것이라고 제안한다. 주님의 이름과 유사한 이름을 지닌 새보다 주님의 영을 가리키기에 과연 더 좋은 상징이 어디에 있겠는가?

우리는 이제 하늘에서 들린 음성의 말씀을 고려해볼 수 있다. 하나님은 예수를 그의 사랑하는 아들이라고 부르신다. 그는 단순히 하나님이 시편 2:7에서 메시아를 부르듯이 "너는 나의 아들이다"라고 말씀하지 않고 "너는 내 사랑하는 아들이다"고 말씀하신다. 아울러 "사랑하는"(*agapētos*)이란 단어는 아들이나 딸에게 사용될 때 종종 "외아들/외동딸", 즉 하나밖에 없는 자식을 의미하기 때문에 특별히 사랑을 받는 자식이라는 의미를 갖는다. 예를 들어 아브라함이 그의 아들 이삭을 제물로 바치는 이야기에서 히브리어 본문은 이삭을 아브라함의 외아들이라고 부르는데(창 22:2, 12, 16), 이 표현은 구약성경의 그리스어 번역에서 "아가페토스"(*agapētos*, "사랑하는")로 번역된다. 히브리어 본문에서 하나님은 아브라함에게 "네 아들 네 사랑하는 독자 이삭을 데리고"(창 22:2)라고 말씀하신다. 그리스어에서 이 말씀은 "네가 사랑하는 너의 독자 이삭을 데리고"가 된다. 아버지가 사랑하는 자식을 제물로 바칠 수밖에 없었던 또 다른 경우, 곧 입다의 딸 이야기에서도 이와 비슷한 일이 일어난다. 히브리어 본문은 단순히 그녀가 입다의 유일한 자식이었다고 말하지만(삿 11:34), 그리스어 버전은 ("아가페토스"라는 단어를 사용하며) 그녀가 그의 "사랑하는 독녀"였다고 말한다. 번역자는 독녀이자 사랑하는 자식이라는 히브리어 단어의 두 가지 측면을 전달하기를 원했다. 따라서 우리는 마가복음의 이야기에서 하늘로부터 들린 음성은 예수가 하나님의 독자이자 사랑하는 아들임을 선포한다고 말할 수 있다. 만약 다른 어떤 사람이나 천사가 다양한 이유에서 하나님의 아들로 불릴 수 있다면[4] 예수는 유일무이한 의미에서 그의 아버지의 독자이자 그 아버지의 마음에 소중한 존재일 것이다. 그가 하나님의 아들이라는 것은 단순히 신분이나 직책이 아니다. 이것은 정서적인 애착과 헌신을 나타내는 정적인 표현이다.[5]

많은 학자들은 마가복음에 등장하는 "하나님의 아들"이라는 칭호는 예수가 구원을 가져오는 하나님의 대리인으로 임명받은 한 인간에 지나지 않는다는 의미에서 하나의 메시아적 칭호라고 주장한다. 구약성경의 극소수 본문에 의하면 사실 왕은 하나님의 아들로 불릴 수 있으며,[6] 신약 시대의 유대 문헌 중 극소수의 본문에서 왕적인 메시아, 곧 장차 올 다윗의 자손이 "하나님의 아들"로 불린다.[7] 하지만 이러한 본문들은 극도로 이례적이다. 이 본문들은 왜 마가와 다른 신약성경 저자들이 예수에게 적용된 "하나님의 아들"이란 용어에 큰 의미를 부여하는지를 설명해주지 못한다. 다른 신약성경 저자들과 마찬가지로 마가에게

---

4 예. 창 6:2; 욥 1:6; 시 82:6.
5 이것이 정적인 표현이라는 것은 창 22:12, 16; 렘 31:20에서 알 수 있다.
6 삼하 7:14; 대상 17:13; 시 2:7; 89:26. 그러나 이 본문들은 제2성전기 말엽에 성경 시대의 왕들을 가리키기보다는 장차 나타날 이상적인 왕, 곧 메시아를 가리키는 것으로 이해되었다.
7 4Q174 1-3:1:11; 4Q246 2:1(?); 에스라4서 7:28; 13:32, 37, 52(?). 아마도 이 가운데 첫 번째 본문(삼하 7:14 인용문)만 메시아에게 적용된 "하나님의 아들"일 개연성이 높다.

있어서도 이것은 예수를 묘사하는 데 가장 의미 있는 중요한 용어다. 우리가 예수가 세례를 받을 때 본 환상에 나타난 하나님의 말씀에서 볼 수 있듯이 예수는 하나님의 사랑하는 아들이다. 이 용어는 단순히 예수에게 주어진 신분이나 직책을 가리키지 않고, 아버지와 아들을 서로 하나로 묶는 심오하고 긴밀한 관계를 가리킨다.

이러한 관계로부터 어떤 역할과 과제가 주어지고, 그것을 위해 하나님은 여기서 그의 아들을 준비시키신다. 하늘로부터 들린 음성은 이어서 "내가 너를 기뻐하노라"라고 말한다. 이것은 이사야의 예언의 또 다른 부분을 분명하게 언급한다.

> 나의 종을 보아라. 그는 내가 붙들어 주는 사람이다.
> 내가 택한 사람, 내가 마음으로 기뻐하는 사람이다.
> 내가 그에게 나의 영을 주었으니,
> 그가 뭇 민족에게 공의를 베풀 것이다(42:1, 새번역)

이 사람은 하나님의 영으로 기름 부음을 받은 주의 종이다. 하나님은 이 세상을 향한 그의 역사에서 하나의 독특한 역할을 그에게 부여하셨다(또한 사 61:1을 보라). 이 영은 메시아의 사역을 위해 예수를 준비시키고 그와 함께하시며 능력을 부여하시는 하나님의 임재다. 이와 동시에 이 사역을 위해 하나님이 예수를 택하셨음을 나타내는 이 성경의 표현 — "내가 마음으로 기뻐하는 사람" — 은 "내 사랑하는 아들"이 상기시키는 밀접한 관계를 계속 나타낸다. 마가의 스포트라이트는 이 시점부터 성령이나 아버지보다는 예수에게 집중된다. 하지만 우리 독자들은 예수가 본 환상을 통해 성령이 그의 사역 가운데 계속해서 역사하고 있으며(참조. 막 3:29), 그가 그의 아버지의 사랑에 힘입어 아버지의 뜻을 끝까지 수행하기 위해 하늘에 계신 그의 아버지와 계속 소통하고 있음을 알게 된다. 그의 아버지와의 이러한 관계와 관련하여 마가복음의 독자들은 특별히 예수가 겟세마네 동산에서 하나님께 드린 기도(14:36)와 다른 두 가지 계시의 순간을 머릿속에 떠올리게 되는데, 우리는 이제 그 순간들을 다루고자 한다.

변용

이 두 번째 계시의 순간을 논하기 전에 우리는 이 시점까지 예수의 사역에 관한 마가의 이야기에서 일어난 사건 가운데 일부를 기억할 필요가 있다. 예수는 병든 자들을 치유하고 귀신을 내쫓았다. 그는 죄를 용서해주었다. 그는 광풍을 잔잔하게 하고 물 위를 걸었다. 그는 기적적으로 큰 무리의 허기진 배를 채워주었다. 이 모든 증거에 기초하여 예수가 그의 제자들에게 그들이 자기에 대해 어떻게 생각하는지 물었을 때 베드로는 모든 이를 대신하여 "당신은 메시아입니다"(8:29)라고 말할 수 있었다. 베드로의 대답은 "당신은 장차 올 이스라엘의 왕, 곧 새로운 다윗입니다"를 의미한다. 그러나 예수는 즉시 제자들에게 자신이 고난을 받고 유대 지도자들에게 배척당하고 죽임을 당하고서 다시 살아날 것임을 설명하기 시작한다. 베드로는 분개한다. 그는 이것이 결코 메시아에게 일어날 수 없는 일이라고 생각한다.

그리고 엿새 후에 예수는 세 명의 제자를 데리고 높은 산에 올라가고, 거기서 제자들의 눈에는 특이한 경험인 신적 계시의 순간이 펼쳐진다. 첫째, 그들은 "변용된" 예수를 본다. 이것은 그의 모습이 근본적으로 변하는 것을 의미한다. 이것은 예수의 신적 영광의 전조(foretaste)다. 그들은 거기서 미래에 그가 다시 오실 때의 영광스러운 모습을 본다. 마태와 누가는 그의 얼굴을 언급한 반면(마 17:2; 눅 9:29), 마가는 그의 옷에 초점을 맞춘다. 왜냐하면 그는 이를 통해 그의 옷이 "세상에서 빨래하는 자가 그렇게 희게 할 수 없을 만큼 매우 희어졌더라"(9:3)라고 말할 수 있기 때문이다. 성경과 유대 전승에 등장하는 천상의 존재들은 주로 해처럼 또는 별들처럼 눈부시게 빛을 발하고, 그들이 입은 옷도 기이하리만큼 눈부시며 찬란하다(단 7:9; 계 4:4).

예수는 여기서 이스라엘의 역사에서 특출나리만큼 위대한 두 명의 예언자와 자리를 같이한다. 학자들은 이 사실의 의미에 대해 논쟁을 벌였다. 왜 모세와 엘리야인가? 나는 이 사건의 요점은 예수가 모세와 엘리야와 동급이 아니라 그들과 결정적으로 다른 인물이라는 점이라고 생각한다. 베드로는 이 세 사람이 이를테면 모두 같은 수준이라고 생각하는 오류를 범한다. 아무튼 예수가 모세와 엘리야처럼 위대하고 영광스러운 존재라는 사실은 상당히 엄청난 일일 수도 있다. 따라서 베드로는 각 사람을 위해 임시 처소를 만드는 것을 제안한다. 그가 생각한 것은 이들이 메시아 시대에 가장 위대한 세 인물이라는 것이다. 유대인들의 소원은 이스라엘 민족이 올바른 신정 국가로 회복되는 것이었다. 이를 위해서는 다윗 계통의 왕, 아론 계통의 대제사장, 그리고 예언자 등 세 명의 기름 부음 받은 지도자가 필요했다. 베드로는 예수가 이미 기름 부음을 받은 왕, 곧 메시아임을 알고 있다. 그 당시에는 엘리야가 새롭게 회복된 이스라엘의 대제사장으로 다시 돌아올 것이라는 생각이 유대인들의 한 가지 신념이었다.[8] (또 다른 형태의 유대 고대 사상은 엘리야가 마지막 때의 예언자로 다시 오

---

8   Pseudo-Philo, *Biblical Antiquities* 48:1.

리라는 것이었다.) 만약 예수가 왕이고 엘리야가 대제사장이라면 예언자들 가운데 가장 위대한 모세는 이렇게 이상적으로 재구성된 이스라엘에서 예언자가 될 것이다. 따라서 베드로는 각 인물에게 일종의 초막을 지어줌으로써 이에 걸맞은 경의를 표하자는 서투른 제안을 한다. 어쩌면 그는 그때 산 위에서 메시아 왕국이 곧 시작되리라고 생각했을지도 모른다.

만약 이것이 베드로의 생각이었다면 그것은 하나님의 음성과 극명하게 모순된다. 모세와 엘리야를 무시하고 하나님은 예수를 그의 사랑하는 아들이라고 명시한다. "**이는** 내 사랑하는 아들이니"(막 9:7). 예수가 세례를 받을 때 하늘의 음성이 그에게 들려준 말씀을 이제 하나님은 세 제자에게 계시하신다. 그렇게 함으로써 하늘의 음성은 예수를 유일무이한 존재로 지목한다. 그는 모세와 엘리야와 대등한 삼두 정치의 한 인물이 아니다. 심지어 베드로가 예수를 메시아로 인식한 것도 결코 충분하지 않다. 예수는 하나님이 사랑하는 그의 독특하고 유일무이한 아들이다. 세 제자가 주위를 둘러보았을 때 구름 속으로 들려 올라간 모세와 엘리야는 보이지 않고, 오직 예수만 그들과 함께 있었다. 그들은 그의 말을 들어야 한다.

우리가 변용 사건 직전에 일어났던 일 — 예수가 메시아라는 베드로의 고백과 이어지는 그의 고난과 죽음에 대한 예수의 예언 및 베드로의 선의의 추잡한 반응 – 을 기억한다면 우리에게는 모세와 엘리야에 대해 무언가 언급할 것이 있을 것이다. 모세와 엘리야는 과거에 모두 격렬한 반대에 부딪혔었다. 그들의 사역은 배척과 고난이 뒤따랐다. 그런 의미에서 그들은 예수에게 닥칠 일들을 예시한다. 그러나 그러한 반대는 모세나 엘리야에게 폭력적인 죽음을 가져다주지는 않았다. 모세는 고령에 평화롭고 명예롭게 죽었다. 엘리야는 회오리바람을 타고 하늘로 들려 올라갔다. 그러나 예수가 직면해야 할 격렬한 반대는 그가 얼마 전에 베드로와 다른 제자들에게 설명하려고 했던 것처럼 그에게 죽음을 가져다줄 것이다. 역설적이게도 사랑받는 아들이라는 사실은 그로 하여금 폭력적인 죽음을 수반하는 특별한 범주에 속하게 한다. 하나님은 모세나 엘리야에게 그러한 운명을 맞이하도록 내버려 두지 않았지만, 극도로 사랑하는 아들에게는 조롱과 고문과 비참한 죽음을 맛보게 하실 것이다.

예수는 이것을 베드로에게 설명해주었지만, 베드로는 그 말을 듣지 않았다. 그래서 이제 하나님의 명령이 주어진다. "이는 내 사랑하는 아들이니 너희는 **그의 말을 들으라!**"(막 9:7) 이것이 바로 이 명령이 예수가 자신의 수난과 죽음에 관해 제자들에게 가르치기 시작하는 마가의 이야기의 중간 지점에서 등장하는 이유다. 이것이 바로 그들이 듣고 싶지 않고 이해하고 싶지 않은

그림 4. 변용 사건. 에티오피아의 아디스 아바바 소재, 에티오피아 연구소(Institute of Ethiopian Studies).

명령이다. 그래서 예수가 사랑하는 아들이라는 사실이 자기에게 무엇을 요구하는지를 계속해서 제자들에게 가르치듯이 그들은 그의 말에 순종해야 한다는 명령을 받는다. 분명히 그들은 하늘의 영광으로 다시 올 그를 보게 될 것이다. 하지만 아직은 아니다. 변용 사건은 단지 십자가 너머의 궁극적인 미래에 대한 든든하고도 기억에 남을 만한 확실한 맛보기에 불과했다. 제자들은 우선 십자가로 가는 예수의 길을 따라가야만 한다.

백부장의 고백

세 번째 계시의 순간은 예수가 죽음을 맞이하는 순간이다. 서로 상당히 다른 두 가지 일이 발생하여 우리 독자들에게는 이것이 단일 계시의 순간으로 다가온다. 백부장은 성전 휘장이 둘로 찢어지는 것을 보지 못했다. 어쩌면 아무도 그것을 보지 못했을 것이며, 설령 그것을 보았다 하더라도 단지 몇몇 제사장뿐이었을 것이다. 백부장은 그 시간과 그 장소에서 그의 놀라운 통찰을 누군가가 듣도록 발설하지 않았지만, 그것은 우리에게 하나의 계시가 된다. 이것이 바로 예수가 세 번째로 하나님의 아들로 선포되는 순간이지만, 이번에는 그것이 하나님이 아니라 예수가 죽는 모습을 본 한 인간에 의해 선포된다.

우리는 예수가 세례받을 때 본 환상과 그의 죽음 직후에 일어난 사건들 간의 연관성을 다시 한번 살펴볼 필요가 있다(도표 4.2를 보라). 우리는 세례 때의 성령(*pneuma*)과 마가가 예수의 죽음을 언급하는 방식인 "그가 숨을 거두었다"(*exepneusen*) 사이의 어휘적 연관성을 이미 지적한 바 있다. 마가가 예수가 사역을 시작할 때 그의 머리 위로 내려왔던 성령이 그가 죽는 순간에 그에게서 떠났다는 의미로 말했다는 주장이 제기되었다. 이것은 개연성이 없다. 만약 마가가 그것을 의도했다면 그는 그것을 더 분명하게 표현했을 것이다. 마가는 문자적인 수준에서 죽음을 나타내는 일반적인 용어를 사용하는데, "프뉴마"는 일반적인 숨을 가리킨다. 하지만 마가가 이것을 통해 예수의 죽음이 하나님의 영을 이 세상으로 내보내는 결과를 유발했다는 신학적 진리를 상징적으로 표현하려 했다는 견해는 개연성이 있다. 예수의 사역 기간 동안 성령은 오직 예수의 임재와 사역 속에서만 역동적으로 활동했다. 예수가 죽은 후에 성령은 이 세상에서 예수의 이름으로 활동하는 예수 그리스도의 영이 된다. 여기서 요점은 성령이 예수에게서 떠났다는 것이 아니라 성령이 이 세상 전반에 걸쳐 예수의 육체적 임재 너머에서 그의 사역을 계속하기 위해 그에게서 나왔다는 것이다.

만약 이것이 사실이라면 이것은 우리가 예수의 죽음에 대한 마가의 이야기에서 그다음으로 일어난 일의 의미를 이해하는 데 도움을 줄 수 있다. "이에 성소 휘장이 위로부터 아래까지 찢어져 둘이 되니라"(15:38). 이 사건의 의미에 대해서는 매우 다양한 범주의 견해가 제기되었다. 우리는 적어도 마가가 이것을 통해 우리가 여기서 계시의 한 순간을 이해하도록 의도했다고 볼 수 있다. 성전의 휘장이 찢어진 사건은 그의 세례 때의 환상과 변용 사건이 그러하듯이 우리에게 예수에 관해 무언가를 말해준다. 각각의 경우에 예수가 하나님의 아들이라고 선포하는 음성이 들리기 이전에 무언가 계시적인 것이 (예수에 의해, 제자들에 의해, 우리 독자들에 의해) 보여진다. 더 나아가 우리는 이미 하늘이 갈라지는 것과 성전 휘장이 찢어지는 것을 나타내는 데 "스키조"(*schizō*)라는 같은 동사가 사용된 점을 지적했다. 또한 우리는 예수가 세례받을 때 환상을 본 문맥에서 마가가 바로 이 단어를 선택했다는 것이 하나님이 "하늘을 가르고 강림하시"리라는 예언자의 기도(사 64:1)의 성취임을 암시한다는 점을 살펴보았다. 나는 우리가 여기서 성전 휘장이 찢어지는 것을 그 예언이 성취되는 두 번째 단계로 보아야 한다고 생각한다.

성전에는 두 개의 휘장이 있었다. 성소 입구에 있는 외부 휘장은 성소에 들어가 하나님의 임재 앞에서 향을 피우고 진설병을 드리는 제사장들을 제외한 모든 이들이 성소 안을 들여다볼 수 없도록 가리는 역할을 했다. 또 다른 휘장은 하나님 자신이 거하시는 지성소와 성소를 구분하는 역할을 했다.

1년에 한 번 속죄일에 지성소에 들어가는 대제사장 외에는 아무도 그곳에 들어갈 수 없었다. 그곳은 지상에서 가장 거룩한 장소였으며, 그 휘장은 위험하리만큼 거룩한 하나님의 임재로부터 제사장들과 사람들을 보호하는 역할을 했다. 아마도 거의 확실하게 마가가 언급한 것은 바로 이 휘장, 곧 내부의 가림막일 것이다.

나는 우리가 세례 시 환상에 등장하는 하늘과 성전의 이 휘장 사이에서 어떤 유사점을 발견할 수 있다고 제안한다. 하늘은 하나님이 거하시는 천상의 처소와 이 세상을 분리하는 일종의 휘장임과 동시에 하나님이 거하시는 지상의 처소와 이 세상을 분리하는 성전 휘장이다. 예수의 사역 초반에 하나님은 이 땅에 내려오셔서 예수와 함께하시며 역동적으로 활동하기 위해 하늘의 휘장을 찢으셨다. 그리고 예수가 죽는 순간에는 성전에서 나오셔서 이 세상에서 예수와 함께하시며 그를 통해 역사하시기 위해 성전 휘장을 찢으셨다. 만약 하나님의 임재가 이 땅에서 성전에만 국한되어 있다는 개념이 존재했다면 이제 그것은 더 이상 진실이 아닐 것이다. 만약 지상의 성전에 거하시는 하나님의 임재를 그의 백성 이스라엘만 접할 수 있고 다른 나머지 민족들에게는 허용되지 않는다는 개념이 존재했다면 그것 역시 더 이상 진실이 아닐 것이다. 여기서 요점은 (자주 제기되었던 것처럼) 하나님이 성전을 떠났다는 것이 아니다. 세례 시 환상에서 성령이 하늘에서 내려왔을 때 하나님은 하늘을 떠나지 않으셨다. 만약 초기 그리스도인들이 하나님이 예루살렘 성전에서 그의 임재를 거두셨다고 생각했다면 그들은 그들이 한 것처럼 거기서 계속 그분을 예배하지 않았을 것이다(행 2:46; 3:1; 21:23-24). 하나님은 성전을 떠나지 않으셨고, 지금도 그들이 어디에 있든지 그의 백성인 유대인들과 이방인들 가운데 똑같이 임재해 계신다.

이것은 로마의 백부장인 이방인이 "이 사람은 진실로 하나님의 아들이었도다"라고 선포한 사실이 얼마나 적절한지를 분명하게 보여준다. (백부장은 로마 군대에서 반드시 로마 국적을 소유해야 했던 것은 아니지만, 그는 분명히 유대인이 아니라 이방인이었을 것이다.) 그는 틀림없이 십자가 옆에 있었다. 왜냐하면 그는 예수를 십자가에 못 박은 군인들의 그룹을 책임지고 있었고, 업무가 제대로 완수되는 것을 지켜보기 위해 거기 남아 있었기 때문이다. 이러한 선언이 어떤 이방인에 의해 이루어졌다는 사실이 **적절하다**고도 볼 수 있지만, 또한 매우 **놀라운** 일이기도 하다. 무엇이 그로 하여금 이러한 결론에 이르게 했는지를 가늠하는 것은 그리

쉽지 않다. 그리스어로 그의 말은 모호하다. 그는 이렇게 말했을 수도 있다. "이 사람은 하나님의 한 아들이었도다" 혹은 "이 사람은 그 하나님의 아들이었도다." 전자는 이교도 이방인의 입에서 더 쉽게 나올 만한 말이다. 후자는 이 복음서가 독자인 우리에게 예수가 누구인지, 즉 그가 그의 신적 아버지의 유일무이한 아들이라고 생각하도록 가르친 것이다. 어쩌면 마가는 이러한 모호함을 의도했을지도 모른다. 백부장은 그가 자신의 비-유일신론적 세계관 안에서 이해할 수 있었던 것 만큼 의도했을 것이다. 하지만 독자로서 우리는 그가 자신이 의도한 것보다 더 많은 것을, 즉 마가의 이야기에서 예수의 신적 독생자에 대한 가장 적절하고 최종적인 계시를 말했다고 볼 수 있다.

　(마가는 "백부장이 [그가] 그렇게 숨지심을 보고 이르되 '이 사람은 진실로 하나님의 아들이었도다'"라고 말한다[15:39]. 일부 주석가들은 이것을 백부장이 예수가 죽는 방식 중에서 무언가에 감명을 받은 것으로 이해한다. 하지만 아마도 마가는 백부장이 예수가 그의 마지막 숨을 거둔 후에 이 사람에 대해 그의 판단을 내린 것으로 기술했을 것이다. 나는 개인적으로 우리가 그가 어떻게 그런 판단에 도달했는지 알 수 없다고 생각한다.)

　백부장 자신에게 이 말이 어떤 의미였는지 간에 우리가 마가의 예수 이야기를 이해하는 데 있어 분명한 것은 그의 선언이 담고 있는 의미다. 우리는 마가에게 있어 "하나님의 아들"은 "메시아" 그 이상의 의미를 갖는다는 점을 기억해야 한다. 이 이야기 전반에 걸쳐 많은 사람들은 열두 제자(8:29)와 그의 예루살렘 입성을 찬양했던 무리(11:9-10)를 포함하여 예수를 메시아로 간주했다. 하지만 인간 중에는 그 누구도 예수가 하나님의 아들이라고 말한 적이 없다. (세례 시 환상과 변용 사건에서) 오직 하나님 자신과 예수에 대한 초자연적인 지식을 소유한 귀신들(3:11)만이 이 사실을 발설했다. 예수가 죽는 순간까지 그가 하나님의 아들임을 인식한 사람은 아무도 없었다. 마가는 분명히 우리가 실제로 예수가 하나님의 아들이라는 사실이 예수의 고난과 죽음, 이러한 죽음이 가져다주는 극심한 고통, 극도로 뼈아픈 배척, 극도의 수치심 등을 의미한다는 사실(그의 제자들이 그렇게 받아들이기 어려워했던)을 받아들이지 않는 한, 우리가 예수가 하나님의 아들이라는 사실을 실제로 이해할 수 없다는 점을 깨닫기를 바란다. 예수는 그의 아버지가 자신을 버렸다고 외칠 정도로 극심한 인간적 비하를 경험하는 지경에 이르렀을 때에도 하늘에 계신 그의 아버지의 아들이 아니었던 적이 없다(15:34).

하나님 자신이 예수가 그의 사랑하는 아들이라고 (이 이야기의 여러 결정적인 시점에서, 그리고 계시의 능력과 함께) 선언하는 것을 우리가 들었기 때문에 독자인 우리는 심지어 아버지가 그를 이토록 방치한 상태로 내버려 두었다 하더라도 예수는 여전히 그의 아버지가 아끼는 사랑하는 하나님의 아들로 남아 있으리라는 것을 의심할 수 없다. 그의 아버지로부터 버림받은 예수가 인류의 죄와 고통의 짐을 짊어지려면 그는 아버지를 사랑하는 마음으로 행동하고, 아버지의 뜻을 제 뜻으로 삼아 그 뜻을 이루어야 했고, 두 사람의 관계에서 가장 최고의 순간에 그를 향한 아버지의 사랑에 힘입어야 했다. 삼위일체의 세 위격은 예수의 죽음에 관한 이야기에서 명시적으로 나타나지 않고, 세례 때 본 환상으로 시작된 이야기, 곧 이 세상을 향한 하나님의 삼위일체적 관여에 관한 이야기가 절정에 달할 때 암묵적으로 나타난다.

마가의 이야기에서 세 차례에 걸쳐 나타난 핵심적인 계시의 순간을 되돌아보면 우리는 첫 번째 순간은 그의 아버지가 예수에게 보여주신 계시이며, 두 번째 순간은 아버지가 예수의 제자들에게 보여주신 계시인 반면, 세 번째 순간은 정말로 오직 독자인 우리에게만 보여주신 계시다. 과연 백부장이 그의 부하 군인들에게 말한 것인지 아니면 단지 자신에게 말한 것인지는 그리 중요하지 않다. 마가는 그의 말을 우리를 위한 계시로 소개한다. 우리는 예수가 죽는 순간에도, 즉 이 세상을 구원하기 위해 그의 아버지의 뜻을 따르는 그 극단적인 상황에서도 그가 진정으로 하나님의 아들이었음을 깨달아야 한다. 그 사실을 깨달았다면 우리는 그 이전의 계시들을 되돌아보고 그것을 단지 이야기의 등장인물들만이 아니라 우리에게도 허락하신 계시로 읽을 수 있을 것이다. 마가가 그것들을 우리를 위해 기록했다는 사실만으로도 그것은 설득력이 있다.

그렇다면 "이는 내 사랑하는 아들이니 너희는 그의 말을 들으라"(막 9:7)는 말로 절정에 달하는 두 번째 계시의 순간을 **우리는** 어떻게 받아들여야 할까? 우리는 예수의 말에 어떻게 순종해야 할까? 나는 제자들에게는 이것이 예수가 십자가와 부활로 나아가는 그의 길에 관해 말한 것을 듣는 것을 의미한다고 말했다. 그 의미는 우리가 예수의 일반적인 가르침을 들어야 한다는 것이 아니다(물론 나는 예수의 가르침의 중요성을 평가절하하려는 의도가 전혀 없지만 말이다). 오히려 그 의미는 다음과 같다. 예수의 이야기, 즉 그의 삶과 사역, 그리고 특히 그의 십자가와 부활로 나아가는 그의 길을 이 복음서가 전하는 대로 들어라! 그것을 잘 들어라! 이야기를 구성하는 계시의 순간들은 실제로 전체 이야기가 우리가 새겨들어야 하는 계시임을 정말로 우리에게 말해준다.

186

삼위일체적 임재

본 장을 마무리하는 차원에서 나는 1장에서 다루었던 하나님의 임재에 관한 주제로 되돌아가 이 책의 주장을 마무리하고자 한다. 본 장에서 우리는 구원을 완성하기 위해 예수의 역사에 관여하신 삼위일체로서의 하나님을 논의했다. 우리는 이제 그리스도인의 구원 경험에 나타난 삼위일체로서의 하나님을 다루면서 바울 서신에 나타난 가장 분명한 삼위일체 본문 가운데 하나에 초점을 맞추고자 한다.

> 주 예수 그리스도의 은혜와 하나님의 사랑과
>
> 성령의 교통하심이 너희 무리와 함께 있을지어다(고후 13:13).

이 축도 또는 "소원-기도"(그렇게 불려왔듯이)는 바울이 그의 모든 서신을 마무리하는 훨씬 더 짧은 문구를 확대한 것이다. "우리 주 예수 그리스도의 은혜가 너희에게 있을지어다."[9] 이 문구

---

9   이것은 살전 5:28과 살후 3:18에서 사용된 형태다.

는 매우 축약된 "은혜가 너희에게 있을지어다"[10]를 포함하여 다수의 변형으로 나타난다.[11] 그러나 이 모든 경우에 바울이 그의 독자들에게 함께하기를 원하는 것은 바로 예수 그리스도의 은혜다. 오직 고린도후서에서만 이 문구가 삼위일체적인 형태의 축복으로 확대된다. 이 문구에서 바울이 그의 독자들에게 바라는 축복이 하나님의 임재의 한 형태라는 것은 그동안 충분히 알려지지 않았다. 우리가 1장에서 살펴본 풍성한 성경 용례의 관점에서 보면 이것은 "너희와 함께"라는 어구에 담겨 있는 함의일 수밖에 없다. 이 문구는 바울이 실제로 데살로니가후서 3:16("주께서 너희 모든 사람과 함께 하시기를 원하노라")과 디모데후서 4:22("주께서 네 심령에 함께 계시기를 바라노니")에서 사용하는 어구인 "주(YHWH)께서 너희와 함께 계시기를"을 본뜬 것이다. 바울 서신에 자주 나타나듯이 그는 구약성경 본문의 "주"(YHWH)를 예수로 이해한다. 따라서 "우리 주 예수 그리스도의 은혜가 너희에게 있을지어다"라는 문구는 실제로 "우리 주 예수 그리스도가 그의 은혜로 너희와 함께 하기를 원한다"를 의미한다. 바울은 "은혜"

---

10 골 4:18b; 딤전 6:21b; 딤후 4:22b; 딛 3:15b("은혜가 너희 무리에게 있을지어다"); 엡 6:24("…모든 자에게 은혜가 있을지어다"). 이것은 히 13:25("은혜가 너희 모든 사람에게 있을지어다")에서도 나타난다.

11 고전 16:23; 갈 6:18; 빌 4:23; 몬 25절; 참조. 계 22:21.

가 단지 시혜자로부터 분리된 무언가로서가 아니라 예수의 은혜로운 임재로서 그의 독자들에게 있기를 바란다.

우리는 바울이 왜 이 문구를 고린도후서 끝부분에서 발견되는 삼중 형태로 확대했는지를 확실히 알 수 없다. 그 이유가 무엇이든지 간에 바울은 그리스도인이 하나님에 대한 경험을 기억에 남을 만한 삼중 형태로 표현할 수 있는 방법을 우리에게 남겨주었다. 바울은 "은혜"와 "사랑"을 언제나 그리스도와 하나님 아버지께 각각 적용하지는 않는다. 그는 은혜를 하나님과 연관시킬 수도 있고, 사랑을 그리스도와 연관시킬 수도 있다. 하지만 은혜와 사랑은 어쩌면 여기서 가장 특징적으로 연관된다. "은혜"는 주로 예수 그리스도가 우리를 위해 행하신 것, 즉 우리를 위한 그의 관대한 자기희생을 가리킨다.[12] 우리와 함께하시는 그의 은혜로운 임재는 하나님이 우리를 위해 살고 죽고 부활하셔서 그의 형제자매인 우리와 하나가 되시는 것과 같다. 하나님 아버지는 그의 아들을 보내시고 우리를 위해 내어주신 모든 사랑의 원천이시다.[13] 우리는 이 예수를 통해 아버지의 사랑을 알게 된다. 우리와 함께하시는 아버지의 사랑스러운 임재는 우리의 삶을 채우

---

12   예. 롬 5:2; 고후 8:9; 갈 1:6; 5:4.
13   예. 롬 5:8; 8:32.

시는 신적 사랑과 같다.[14]

고린도후서에 기록된 축도의 세 번째 부분의 의미에 대해서는 의견이 분분하다. 한 가지 해석에 의하면 이 세 번째 부분은 "성령의 교제"라는 번역과 연관하여 성령에 의해 창조된 신자들 간의 교제를 가리킨다. 하지만 이 어구는 다른 어구들처럼 하나님과의 관계를 가리킨다는 점에서 더 나은 평행 구조를 만들기 때문에, "성령에 참여하는 것"을 의미하면서 신자들이 서로 공유하는 성령의 임재와 능력에 참여하는 것을 가리킬 개연성이 더높다. 비록 다른 것들과도 밀접하게 연관되어 있지만, 이것은 인간의 삶에 참여하는 또 다른 유형의 신적 임재다. 바울이 그의 여러 서신에서 우리가 이 삼위 하나님을 경험하는 방식에 관해 사용한 언어는 상당히 유동적이지만, 우리는 하나님이 우리에게 나타나시고, 우리와 함께하시며, 그리고 우리 안에 임재해 계시는 어떤 차별화된 관계를 감지할 수 있다.

---

14 롬 5:5을 보라.

도표 4.1 마가복음에 나타난 세 번의 계시의 순간

서문
세례받을 때 예수가 본 환상(1:9-11)
기적들
베드로의 고백
첫 번째 수난 예고
예수의 변용 사건(9:2-8)
두 번째 및 세 번째 수난 예고
예루살렘 입성
십자가 처형
성전 휘장과 백부장의 고백(15:37-39)
매장 및 빈 무덤

도표 4.2 세 계시의 순간 간의 관련성

마가복음 1:9-11	마가복음 9:2-8	마가복음 15:34-39
요한(=엘리야)에게 세례받음	모세와 엘리야와 함께 변용됨	황량한 외침 엘리야가 오지 않음 예수가 죽음(엑세프네우센)
하늘이 갈라짐(스키조메누스) 성령(프뉴마)이 예수 위에 내려옴	구름이 덮임	성전 휘장이 찢어짐(에스키스테)
하늘로부터 소리가 들림 "너는 내 사랑하는 아들이라. 내가 너를 기뻐하노라."	구름 속에서 소리가 들림 "이는 내 사랑하는 아들이니 너희는 그의 말을 들으라!"	백부장 "이 사람은 진실로 하나님의 아들이었도다."

참고문헌

마가복음에 나타난 삼위일체에 관하여

Michael F. Bird, *Jesus the Eternal Son: Answering Adoptionist Christology* (Grand Rapids: Eerdmans, 2017), 4장.

Daniel Johansson, "The Trinity in the Gospel of Mark," in *The Essential Trinity: New Testament Foundations and Practical Relevance*, ed. Brandon D. Crowe and Carl R. Trueman (London: Inter-Varsity, 2016), 39-61.

이 세상에 대한 하나님의 삼위일체적 역사에 관한 개념

Jürgen Moltmann, *The Trinity and the Kingdom of God: The Doctrine of God*, trans. Margaret Kohl (London: SCM, 1981), 3장.

마가복음에 나타난 이사야 예언의 중요성에 관하여

Joel Marcus, *The Way of the Lord: Christological Exegesis of the Old Testament in the Gospel of Mark* (Louisville: Westminster John Knox, 1992).

Rikki E. Watts, *Isaiah's New Exodus in Mark* (Grand Rapids: Baker, 1997).

성구 색인

하나님은 누구신가?

성경에 나타난 하나님의 계시의 결정적인 순간

Copyright ⓒ 새물결플러스 2023

1쇄 발행 2023년 2월 10일

지은이　리처드 보컴
옮긴이　이형일
펴낸이　김요한
펴낸곳　새물결플러스

편　집　왕희광 정인철 노재현 이형일 나유영 노동래
디자인　박인미 황진주
마케팅　박성민 이원혁
총　무　김명화 이성순
영　상　최정호 곽상원
아카데미　차상희

홈페이지　www.holywaveplus.com
이메일　hwpbooks@hwpbooks.com
출판등록　2008년 8월 21일 제2008-24호
주　소　(우) 04118 서울시 마포구 마포대로19길 33
전　화　02) 2652-3161
팩　스　02) 2652-3191

ISBN 979-11-6129-248-9 03230

책값은 뒤표지에 있습니다.